经济管理类创新融合精品教材
"互联网+"教育改革新理念教材

金融学基础

陈汇才　主　编
汪建佑　丁相国　王思佳　副主编

中国商业出版社

图书在版编目（CIP）数据

金融学基础 / 陈汇才主编. -- 北京 ：中国商业出版社，2024. 9. -- ISBN 978-7-5208-3152-9

Ⅰ. F830

中国国家版本馆 CIP 数据核字第 2024EK7496 号

责任编辑：滕　耘

中国商业出版社出版发行

（www. zgsycb. com　100053　北京广安门内报国寺 1 号）

总编室：010-63180647　编辑室：010-83118925

发行部：010-83120835/8286

新华书店经销

唐山唐文印刷有限公司印刷

*

880 毫米×1230 毫米　16 开　11.5 印张　270 千字

2024 年 9 月第 1 版　2024 年 9 月第 1 次印刷

定价：48.00 元

* * * *

（如有印装质量问题可更换）

PREFACE

进入21世纪，经济全球化的趋势愈加明显，这就要求每个人都应了解和掌握一定的金融知识。金融学是一门研究货币金融体系的运行机制，以及货币金融运行与经济发展之间的辩证关系的应用经济学科，是高等院校经济类专业的核心课程，也是金融专业的主干课程。“金融学基础”在这种背景下逐渐成为高等院校经济管理类专业的基础课程，更是金融学类专业的核心课程。

本书的编写目的是让学生了解和掌握金融学的基本理论与基本知识，并且能够运用金融理论与知识分析现实中出现的各种复杂金融问题，能够看到金融问题的本质，从而提高分析问题和解决问题的能力，为今后的学习、生活和工作打下良好的基础。

本书内容通俗易懂，使用平实的语言介绍金融学基本概念和基本常识，理论阐述完整、系统，便于学生理解和掌握；结合金融理论，精心选择拓展阅读，突出拓展阅读的实用性和可读性。书中各章开篇有“案例导入”，这些案例既能给学生提供必需的金融基础知识，又能增强其学习兴趣，还可以增强学生将理论与实践相结合的能力。

由于编者水平有限，加之金融实践的复杂性与多变性，书中难免存在不足，恳请读者批评指正。

CONTENTS

第一章

认识金融与货币

学习目标

了解金融的概念、构成要素。

熟悉金融的分类。

了解货币制度的形成、内容及类型。

熟悉货币的本质及层次划分。

案例导入

算一算，开个餐馆需要多少资金？

假定你计划开设一个面积为200平方米左右的餐馆，请以你所在的地区现在的物价水平为依据，测算房租、水电、设备购置、人员工资、流动资金等所需总费用，再提出一个费用解决方案。

【思考】

(1) 自有资金不足时该如何筹集资金？

(2) 在经营过程中，你会和哪些金融机构打交道？

(3) 假设有个好朋友想加入你的餐馆计划，你们该如何商谈合作？

(4) 假设你的餐馆顺利开业了，6个月后出现了周转性资金困难，你将如何解决呢？

第一节　金融概述

一、金融与金融职业道德

（一）金融的概念、构成要素与本质

“金融”这一名词从字面的角度来看，“金”是指资金，“融”是指融通，因此在过去相当长的一段时期内，金融被狭义地理解为资金的融通。融通的主要对象是货币和货币资金，各类资金主要以信用货币的形式存在，包括各种现金、票据、有价证券等。资金融通的方式是有借有还的信用形式，进行资金融通需要借助金融市场，包括信贷市场和证券市场等。组织这种融通的机构则为银行以及证券公司、保险公司、信托公司、租赁公司等非银行金融机构。因此，金融涉及货币、信用和银行三个范畴，三者相互依存、相互促进，共同构成金融活动的整体。

然而，在现代经济条件下，金融不仅仅是货币资金的融通，其含义已有很大的扩展，包括资金的筹集、分配、融通、运用和管理。金融具体包括：货币的流通及其管理；货币资金的筹集，含银行和非银行金融机构及企业、个人的有偿筹集，财政的无偿筹集；财政、银行

的资金分配，企业内部的资金分配；资金的间接融通和直接融通，国内融通和国际融通；资金的配置和调度；信贷资金结构的调整和管理；资金周转速度及资金运用效率的管理等。可见，金融存在于整个社会的经济活动之中。

1. 金融的概念

金融的概念处在一个不断演进的过程中，它与商品货币经济的发展是密不可分的。

（1）金融的萌芽。在商品货币发展的初期，货币以实物形态和铸币形态存在时，货币不是信用产品，不依赖信用的创造。不过，信用的产生和发展对货币流通起了强大的推动作用。信用以实物借贷和货币借贷两种形式并存。货币借贷使储藏的货币具备了流动性，加快了货币流通速度。而基于信用的汇兑业务便利了货币在更大的地域内流通，这些都使得作为财富凝结的货币在借贷中日益重要。与此同时，大量的实物借贷仍然十分旺盛。因此，在很长一段时间，货币范畴的发展与信用范畴的发展保持着相互独立的形态，而联结两者的金融仅仅处于萌芽阶段，表现为从事货币兑换、保管、汇兑与借贷的货币经营业。

（2）金融的形成。随着新的生产方式的确立，现代银行业诞生了，银行券开始代替铸币执行流通手段和支付手段的职能，从可兑现的银行券到不兑现的银行券，货币制度与信用制度的联系越来越密切，最终使得货币流通与信用行为变为同一过程。任何货币的运动都是在信用的基础上组织起来的，完全独立于信用活动之外的货币制度已经不复存在。例如，基于银行信用的银行券是日常小额支付的手段，转账结算中的存款货币是大额支付的主要形式。任何信用活动同时都是货币的运动：信用扩张意味着货币供给的增加，信用紧缩意味着货币供给的减少，信用资金的调剂影响着货币流通速度和货币供给在部门间、地区间的微观经济主体间的分布。当货币范畴和信用范畴相互渗透并结合到一起时，就形成了金融范畴。其表现为作为融资中介的银行业及其相应活动：资金盈余者把钱存入银行，再由银行贷放给资金短缺者。这种以金融机构为媒介的资金融通是间接金融形式。

（3）金融的扩展。伴随着货币与信用相互渗透的过程，金融范畴也同时向更大的领域扩展，逐渐覆盖了投资、保险、信托和租赁等多个方面。

这里的投资是指以股票和债券交易为特征的资本市场的投资。由于间接融资方式不能完全满足经济发展的需要，资金短缺者以发行有价证券的方式直接到金融市场筹资；资金盈余者也不一定要将其资金存入银行，可以直接在金融市场上购买各种金融商品。这种资金供求双方通过金融市场进行资金融通的形式是直接金融方式，其存在要以比较健全的发达金融市场为前提，使信用关系得到进一步发展和完善。

保险发展到现在，已经成为保险与个人储蓄、保险与投资相结合的一种信用形式，其集中的货币资金主要投放于金融市场。在金融市场上，保险资金所占的份额有举足轻重的地位，保单等保险合约也成为金融市场上交易的重要工具之一。

金融信托和金融租赁是传统的信托与租赁方式在金融领域的发展变化，也同样成为重要的融资方式。

2. 金融的构成要素

金融体系是一个普遍的、一般的概念，在不同的国家、不同的经济制度下，金融体系的表现形式也不尽相同。但世界各国现代金融体系的构成是基本一致的，主要包括金融机构、金融市场和金融工具三方面内容。

(1) 金融机构。金融机构又叫金融组织，是现代金融活动的基本载体，是经营货币或货币资本的企业，是在经济生活中充当信用中介、媒介以及从事种种金融服务的组织。金融机构种类繁多，通常分为银行和非银行金融机构。

(2) 金融市场。金融市场是金融活动开展的场所，是金融工具发行和交易的场所。金融市场是依照一个国家的有关法律法规建立起来的。由于金融交易的对象、方式、条件和期限等要素不同，人们可以从不同角度对金融市场进行分类。例如，金融市场按照交易期限不同划分，可以分为货币市场（短期资金市场）和资本市场（长期资金市场）；按照交易程序不同划分，可以分为发行市场（一级市场）和流通市场（二级市场）；按照交易场地不同划分，可以分为有形市场和无形市场；按照交割时间不同划分，可以分为现货市场和期货市场。通常谈论较多的主要是资本市场、货币市场、外汇市场、黄金市场、保险市场、金融衍生工具市场等。

(3) 金融工具。金融工具是将资金从盈余者转移给短缺者的载体，是一种载明资金供求双方权利、义务关系的合约。金融工具是用标明信用关系的书面证明、债权债务的契约书表现出来的，以一定的要式具体规定了资金转移的金额和期限等。金融工具是金融机构在金融市场上交易的对象。在金融体系中，金融机构和金融市场利用金融工具实现资金在个人、家庭、企业和政府部门之间的融通。金融工具种类很多，针对不同的金融交易，通常有商业票据、银行票据、存款、贷款、保单、债券、股票以及期货、期权等衍生金融工具。

金融体系的三大构成要素金融机构、金融市场和金融工具之间有着不可分割的联系。金融工具发行和交易的场所是金融市场，金融市场最重要的参与者是金融机构，金融机构作为媒介使得金融工具的出售与转让顺利进行。没有脱离金融市场和金融机构的金融工具，也没有不存在金融工具的金融市场和金融机构。

3. 金融的本质

金融的不断扩展，使得金融的本质不再是单纯的银行借贷关系，而发展成为复杂的、多种多样的债权债务关系和所有权关系。直接金融方式与间接金融方式的不断完善，使得金融活动更加丰富多彩，银行和其他金融机构更加进步，金融市场的类型更加健全。由此带来了金融宏观调控和金融监管问题。为顺应这一客观需要，各国中央银行和其他金融监管机构逐步建立与发展起来，以促进金融的健康发展。

（二）金融职业道德

1. 金融职业道德的重要性

金融业是社会经济运行的货币性基础行业，其行业的特殊性要求从业人员诚实守信的高

度自觉性远超一般服务业的要求，因为金融行业本身是从事货币服务的行业，从业人员违规舞弊、弄虚作假的行为可能对整个行业乃至社会经济造成重大影响。同时，金融业从业人员还必须具有自觉防范金融风险的意识，这种根植于深厚道德修养的意识有助于在千变万化的金融形势中迅速找到职业道德的落脚点，以道德标准判断大是大非，将金融风险防患于未然。另外，由于金融业是专业性、综合性很强的行业，业务操作往往具有不可重复、不可撤销的特点，要求从业人员必须具备完全的职业胜任能力，避免任何可能发生的业务差错。

2. 金融职业的特点

当前，我国金融业主要包括银行业、保险业、证券业以及期货业。金融危机的教训表明，在金融体系中加强职业道德建设是从业者遵守法律法规正常开展金融工作的重要保证，也是我国金融业未来持续稳定发展的必然要求。金融危机后，金融职业道德的要求进一步扩展和延伸，可以总结为自觉防范金融风险、自觉遵守法律法规和自觉培养专业胜任能力。

金融行业的特殊性要求金融人才必须养成高度的诚实守信自觉性。新形势下，我国金融行业正在经历重大转变，金融行业在整个国民经济中的地位越来越重要，金融对实体经济发展的贡献越来越大。服务经济发展，服务人民生活，推动社会经济和谐发展，是新时期金融行业的根本任务。在全球化不断发展的今天，在社会经济增长方式创新突破的今天，传统行业的经营思想理念和文化都在发生着重大变化，服务成为一个行业存在的价值所在，成为一个行业发展壮大的重要基础。只有更好地服务，才能更好地生存和发展，唯有不断拓宽自己的服务面，提高服务质量，才能赢得更多的客户和市场，方能在竞争日益激烈的市场中获得相应的生存和发展机遇。尤其是在互联网金融快速发展的今天，传统金融行业面临重大冲击，需要进行更多的转变和创新突破，利他主义成为新时期经济发展的新思维，金融行业需要为他人和社会提供更多的优质服务，以更为全面的高效服务来争取更多更优质的客户，以此来实现自身的发展。

3. 金融职业道德的内容

金融职业必须有良好的职业操守。当前，我国市场经济的信用制度还不尽完善，唯利是图、自私自利、损人利己的行为随处可见。在金融领域则更多的是金融职务犯罪，目前有一些金融高级管理人员违规操作、违法受贿，职业道德意识淡薄，为了金钱不计法律后果而铤而走险。这就对金融从业人员的思想道德教育和法治教育提高了要求，提醒金融工作者在金钱诱惑下保持清醒的头脑。

广大金融工作者的素质高低，直接决定了一个国家金融业发展水平的高低；广大金融工作者的道德水准，直接决定了一个国家金融体系的安全性与稳定性。建设金融强国宏伟目标的实现，有赖于国家金融体系长期健康稳定地运行。而金融危机的经验教训告诉我们，恪守道德标准，加强对金融行业人员的道德教育，是保障金融机构平稳运行的坚实内部保障，是防范与化解金融危机的内部坚强堡垒。相反地，金融危机中倒闭的外国银行与其他金融机构，其倒闭或多或少与员工长期忽视职业道德、盲目从事多种高风险金融衍生交易有关，这无疑是对我国金融行业的一大警示。

(1) 严守信用，维护形象。诚实守信是良好的道德品质，也是道德规范的普遍要求。在金融职业道德中，诚实守信占有非常重要的地位，无论是中国人民银行对金融系统的职业道德要求还是各金融机构自身提出的职业道德规范，都把信用放在首位。

在市场经济条件下，任何一个国家经济的发展，都离不开信用的支持。从这一意义上来说，现代经济基本上是一种信用经济。金融机构能否坚持信誉第一，不仅对其自身的存在与发展至关重要，对全社会的经济活动也是至关重要的。俗话说："诚招天下客，信牵万人心。"因此，作为金融机构必须在群众的心目中树立起信得过、靠得住的形象，才能取得客户的信任和支持，才能得以进一步发展。随着金融业的不断发展，竞争的日益激烈，客户选择余地日益增大，信誉对于金融机构的发展将越来越重要。

严守信用的基本要求主要表现在以下几点。

首先，金融工作者必须牢固树立"信誉至上"的金融道德观念。金融工作者必须自觉地按照"信誉至上"的职业道德规范约束自己的行为，用讲信誉、守信用的原则指导自己的工作，努力在自己从事的各项具体活动中去实践它、维护它。例如，在银行信贷业务中，银行工作者必须信守合同，坚持信贷原则，对贷款用途不当、单位资金信誉差、经济效益不好等不符合贷款条件的，应拒绝发放贷款，从而保证贷款按照合同规定的用途正确使用。因此，这就要求银行工作者必须把正确贯彻贷款偿还原则作为自己的重要职责，这样才能既有利于维护金融机构自身的利益，又有利于维护金融机构的信誉。

其次，金融工作者必须坚持公开、公正、公平的原则。金融工作本身具有较强的专业性，许多具体细节并不为群众所熟悉和了解，金融工作者在工作中应主动宣传有关金融政策和法规，实事求是，不蒙蔽、不欺骗群众，树立诚信第一、童叟无欺的职业道德意识，处理问题要公正客观、不偏不倚，以客观事实为依据，以高度负责的精神赢得顾客的信任和支持。

最后，金融工作者要养成严谨的工作作风。作为信用机构的一员，金融工作者必须努力防止金融差错，保证工作质量，取信于顾客；要认真执行规章制度和操作规程，养成严谨的工作作风，认真细致，精力集中。例如，银行的收、支、存、放、汇等业务活动，都直接关系到国家、集体和个人的切身利益，关系到资金的使用和安全，关系到银行在人民群众中的声誉。因此，这就要求金融工作者必须做到不轻率、不松弛、不懒散，给服务对象树立严谨、规范、紧张、有序的职业形象。

(2) 优化服务，提高素质。优质的服务是金融职业道德的核心内容，是金融行业职业责任和义务的集中体现，也是金融工作者必须具备的道德意识和必须履行的职业责任。金融行业作为专门经营货币这一特殊的商品的服务行业，每天都与顾客和群众保持着密切的联系。服务质量的优劣，直接关系到金融行业的前途与发展，关系到社会经济的稳定。如果金融工作者不能为社会提供优质高效的服务，金融行业就失去了信誉，就失去了赖以生存的基础。

优质的服务除了要有高标准的服务质量、快捷的服务效率之外，最重要的就是要有良好的服务态度。热情周到、亲切自然的服务态度不仅能够很好地维护金融机构的信誉，加深顾

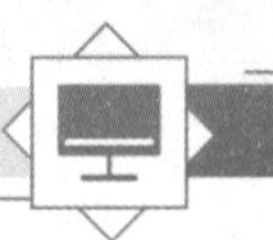

客对金融机构的感情，密切双方的关系，进一步发展金融业务，而且体现出金融工作者对自己从事的职业的热爱和对自身的尊重，体现出良好的职业修养和道德风范。因此，这就要求金融工作者必须做到以下两点。

一是要文明礼貌待人，热情周到服务。金融工作者对顾客要主动接待，和气礼貌，有问必答，百问不厌，要想顾客之所想，急顾客之所急，帮助顾客解决各种具体问题，以自己的良好服务态度赢得顾客与群众的信赖和支持。

二是要钻研业务，提高技能。高质量的服务来源于高超的业务技能。因此，钻研业务、提高技能是优质服务的前提和基本要求。熟悉业务，对技术精益求精，在此基础上提高服务质量，是金融职业道德的重要内容。随着改革开放的不断深入以及社会主义市场经济体制的建立和不断完善，金融业务的范围不断扩大，业务量不断增加，金融业内部的竞争也越来越激烈。如果没有精湛熟练的业务技能，就不可能有上乘的服务质量，不可能圆满地完成任务，也就难以在竞争中取胜。因此，金融工作者必须做到努力钻研业务，提高技能，要认真学习国家的经济建设方针、政策、金融政策法规和金融管理知识；掌握业务的操作程序，具有一定的计算机技术、核算技术以及与金融有关的生产、流通、市场、保险、外事、外语、国际金融等方面的知识，不断研究新情况，解决新问题。

实践证明，金融工作者只有刻苦学习文化科学知识，努力钻研业务知识，才能真正为顾客提供优质服务，为经济发展作出贡献。

(3) 热爱本职，尽职尽责。热爱金融事业，努力做好本职工作是每一位金融工作者从各方面遵守金融道德的基础。金融工作者只有深刻认识自己所从事职业的重要性，并将个人对事业的理想寓于这一职业中，才能自觉地从各方面遵守职业道德，做好本职工作。

热爱金融事业是与整个金融工作在现代经济中的核心地位分不开的。金融工作在我国国民经济建设中发挥着筹集资金、融通资金、调节货币流通、提高资金使用效益以及加强国际经济交流等重要作用。金融工作者只有深刻认识这种地位和作用，才能产生出对金融事业的热爱，具有一种职业荣誉感，从而形成一种巨大的推动力，促使金融工作者去完成自己承担的工作。改革开放以来，我国金融战线广大干部职工正是靠着这种对金融事业重要意义的正确认识，大胆改革，辛勤工作，热情服务，从而有效地促进国民经济的顺利发展。

做好本职工作是热爱金融工作的具体体现。金融工作者只有将自己的职业理想、职业荣誉感同具体的工作岗位结合起来，这种荣誉感才不会是虚幻的，才能够坚持长久。金融系统的业务种类繁多，分为各个不同的岗位，而所有岗位的一个共同的特点就是工作过程都离不开金钱，工作结果容不得半点差错。每一项工作都是具体的、细致的，有着实实在在的工作内容。因此，热爱金融工作就要体现在这些具体的实际工作中。离开了日常的具体工作，热爱本职就会成为一句空话，职业理想和职业荣誉感也就无从谈起。热爱本职，尽职尽责就要求每个金融工作者必须做到以下两点。

第一，培养热爱本职的道德情感。一个人对于本职工作抱着积极的态度，就会产生浓厚的兴趣，就会优先把自己的注意力集中于本职工作上来，就会从这种工作中体验到某种浓厚的、积极的情感，并且会全身心地做好本职工作，一个人对事业的追求，必须以真挚的情感和强烈的热爱作为动力。因此，不论是金融工作者还是金融专业的大学生，都应注重在工作实践中培养热爱金融事业的道德情感，正确处理好本职工作与个人的爱好、志趣之间的关系，处理好国家需要与个人利益之间的关系。金融业在国民经济中所处的重要地位，使金融行业一度成为热门行业，金融工作者在社会上受到人们的青睐，少数金融工作者也沾沾自喜，觉得比别人优越。随着我国市场经济的发展及金融体制的逐步完善，对金融行业人员的要求将越来越高。因此，金融工作者必须加强自身的职业道德修养，努力提高道德素质，克服思想上的优越感，增强危机感，在新形势下培养自己热爱金融事业的道德情感，以高度的事业心和责任感，去完成自己承担的各项工作。

第二，培养对工作极端负责的精神和诚实劳动的工作态度。对金融工作的热爱体现在实际工作中，就要求金融工作者必须具备对工作极端负责的精神和诚实劳动的工作态度。金融工作者在工作中要做到态度认真，一丝不苟，尽职尽责。无论是银行信贷员、出纳、会计或储蓄员，都要严格按规章制度办事，认真履行自己的义务。同时，金融工作者要有诚实劳动的工作态度，工作中要勇于吃苦，不怕困难，牢固树立爱岗敬业、忠于职守的主人翁精神。金融行业，特别是基层行、社，点多、面广、人员分散，工作任务重、难度大、要求高。广大金融工作者如果没有以行为家、热爱事业、诚实劳动的思想，缺乏主人翁的责任感和使命感，不去做艰苦扎实的工作，就会损害银行的形象，损害银行事业的发展。因此，金融工作者要充分认识到自己在金融事业中的主人翁地位，以自己的辛勤劳动为金融事业作出贡献。

(4) 遵纪守法，严守秘密。金融工作者既是国家金融法律法规的具体执行者，又是财经纪律的监督者，国家的许多经济政策、金融法律法规都要通过金融工作者去执行。金融业本身又是直接经营货币业务的，因此遵纪守法有着特殊的重要意义。

金融政策、法律法规和金融职业道德，在内容与要求上都是一致的。一般说来，金融政策所要求的内容，也是金融工作应该贯彻执行的内容；金融法律法规所禁止的行为，也是违背金融道德的行为。严格遵守金融法律法规是金融职业道德的最低要求。

金融工作者必须严守法纪，坚持原则，百折不挠地贯彻执行党和国家的路线、方针、政策，严格遵守金融纪律和金融法律法规。具体要做到以下三个方面。

第一，认真学习，深刻领会国家有关金融的方针、政策、法律法规，增强执法、守法的自觉性。金融工作者要严格按照有关规定办事，做到不贪污受贿，不越权贷款，更不允许挪用或冒领用户存款。金融工作者要坚决杜绝一切有法不依、有章不循、随意“变通”的违规行为，努力使自己成为遵纪守法的模范。金融工作者要坚持秉公办事，以维护国家、人民利益为最高原则，做到办理业务、处理问题公正无私，

第二，清正廉洁，不谋私利。金融行业掌握着一定的权力，金融工作者每天与金钱接触，时时受到金钱的诱惑。在这种环境下，能否保持清醒的头脑，保持清正廉洁就显得格外重要，稍有放松，就会给国家造成巨大损失，自己也将受到法律的制裁。因此，清正廉洁，不谋私利就成为金融工作者头脑中的第一道防线。为了使这道防线不被冲垮，就要求金融工作者充

分认识清正廉洁的重要意义，提高自我约束、自我控制的能力，时刻保持清醒的头脑，彻底摒弃“金钱万能”和“金钱至上”等拜金主义、利己主义价值观，自觉抵制各种不正之风的侵蚀，爱惜自己作为金融管理人员的身份，爱惜自己的品格和荣誉，当一名真正的金融战线的“卫士”。

第三，提高对金融安全重要性的认识，增强保密意识。这是对金融工作者的特殊要求。各类金融机构集中收付，保管着大量的货币，国家重要经济、金融的机密情况都能够通过各类金融机构得以反映出来。金融机构一旦出现重大问题，将使国家的经济发展及人民群众的生活遭受巨大损失，甚至影响社会的稳定。因此，金融工作者必须严格现金管理制度，严守操作规程，严格执行保密原则，勇敢捍卫金融机构安全，加强自身职业道德修养。这既是广大金融工作者的特殊职能，也是必须承担的法律责任。

总之，热爱本职、尽职尽责、遵纪守法、严守秘密，是金融道德规范的重要内容，也是金融工作者义不容辞的道德责任。上述要求又必须通过金融工作者职业道德素质的提高来体现。金融工作者要在工作中严格要求自己，锤炼自己的品格，陶冶自己的情操，不断培养良好的道德品质。

二、金融的分类

金融可以按照不同标准进行分类。

（一）直接金融与间接金融

按照金融活动是否通过媒介体划分，金融可分为直接金融和间接金融。直接金融是指资金供求双方直接进行融资。在直接金融市场上，筹资者发行债务凭证或所有权凭证，投资者出资购买这些凭证，资金就从投资者手中直接转到筹资者手中，而不需要通过信用中介机构。间接金融是指以银行等金融机构作为信用中介进行融资。在间接金融市场上，是由资金供给者首先把资金以存款等形式借给银行等金融机构，两者之间形成债权债务关系；再由银行等金融机构把资金提供给需求者，银行等金融机构与需求者形成债权债务关系，通过信用中介的传递，资金供给者的资金间接地转到资金需求者手中，如图 1-1 所示。

（二）微观金融与宏观金融

按照金融活动的运行机制划分，金融可分为微观金融和宏观金融。微观金融是指金融市场的主体（工商企业、政府、金融中介机构和个人）的投资融资行为及其金融市场价格的决定等微观层次的金融活动。宏观金融是指金融体系各构成部分作为整体的行为及其相互影响以及金融与经济的相互作用，包括货币供求、物价变动、货币政策和财政政策以及国际收支等。

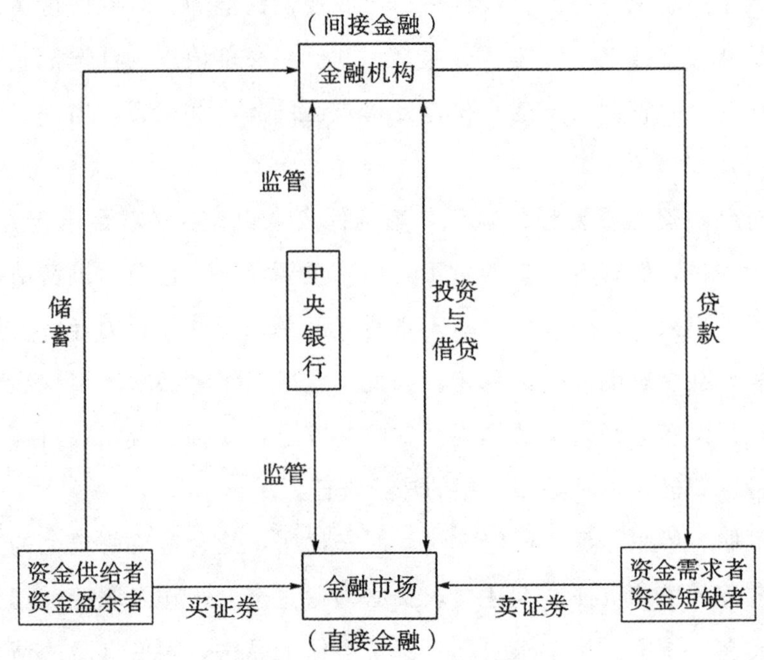

图 1-1　直接金融和间接金融

（三）政策性金融、商业性金融与合作性金融

按照金融活动的目的划分，金融可分为政策性金融、商业性金融与合作性金融。政策性金融是政府为实施一定的社会经济政策或意图，设立专门的金融机构，在特定的领域内直接或间接从事的政策性融资活动。其主要特点是不以营利为目的。商业性金融是金融企业按照市场经济原则以商业利益为经营目标的金融活动。其以利润最大化为目的。商业银行、保险公司、证券公司和信托投资公司等的融资活动都是商业性金融。合作性金融是互助合作组织在成员之间进行的金融活动。其不以营利为目的，主要是解决成员的融资需求。

（四）官方金融与民间金融

按照金融活动是否接受政府监管划分，金融可分为官方金融和民间金融。官方金融是由政府批准的金融活动，是属于正式金融体制范围内的，即纳入我国金融监管机关管理的金融活动。民间金融是与官方金融相对而言的。民间金融主要是指在我国银行保险系统、证券市场、农村信用社以外的经济主体从事的融资活动，主要包括民间借贷等。

（五）国内金融与国际金融

按照金融活动的地理范围划分，金融可分为国内金融和国际金融。国内金融是由一国的资金供求双方直接或间接进行的融资活动。其参与者都是本国的政府、金融机构、企业和个人，运作的对象是本国货币。国际金融是跨越国界的货币流通和资金融通活动。其参与者为不同国家的政府、金融机构、企业、个人和国际金融机构，运作的对象既可以是本国货币，

也可以是外币。

（六）政府金融、公司金融与个人金融

按照金融活动的主体划分，金融可分为政府金融、公司金融与个人金融。政府是金融市场上的重要主体，一方面政府是资金的需求者，通过发行国债筹集资金；另一方面政府又是市场的协调者，通过货币政策的制定和执行监管并控制金融市场上的系统性风险。公司在金融市场上主要是资金的需求者，可通过票据、向商业银行申请贷款等途径筹集资金，也可通过发行股票或债券在资本市场上筹集长期资金。随着经济的发展及人民生活水平的提高，个人金融在金融市场上的主体性逐年增加，投资理财业务日益成为民众关心的话题，金融市场为个人投资者带来越来越多的选择，增加投资收益的同时也带来了不同程度的金融风险。

第二节　货币和货币制度的演变

一、货币的产生与发展

（一）货币的产生

货币不是人类社会一开始就有的，是商品生产和商品交换发展到一定阶段的必然产物。在商品交换中，人们必须衡量商品的价值，而商品价值的实体——人类的一般劳动耗费看不见也摸不到，只能通过交换表现在另一种商品上。这种价值表现形式随着商品交换的不断发展而演变，货币也应运而生。这一过程大致经历了几个发展阶段：第一，简单或偶然的价值形式，如 1 只羊＝1 担稻谷；第二，扩大的价值形式，如 1 只羊＝1 担稻谷＝2 千克茶叶＝20 尺棉布；第三，货币价值形式，如 1 只羊＝1 担稻谷＝2 千克茶叶＝20 尺棉布＝1 克黄金。

可见，货币是商品经济发展的必然产物，它源于商品，并伴随着商品经济的发展而自发产生。货币产生以后，以物易物的直接交换就转变成以货币为媒介的商品流通，从而大大地促进了商品经济的发展。

（二）货币的发展

1. 实物货币

早期的实物货币一般是由普通的、大家乐意接受的商品来充当，它本身既作为商品，又作为货币充当媒介。历史上，贝壳、丝绸、牲畜都充当过货币。这些实物基本上保持原来的自然形态，其典型特征是能代表财富，是普通的供求对象，但体积大、不易分割、不易携带、缺乏统一的价值衡量标准，不是理想的货币材料。

2. 金属货币

随着经济的发展，实物货币发展到它的高级阶段——金属货币阶段。金属货币是指以金、银、铜、铁等作为货币材料的货币。金属货币经历了从贱金属到贵金属，从金属称量制到金属铸币制的发展过程。其中，以黄金、白银作为货币，几乎是所有国家共同的历史。这主要是因为黄金和白银币值稳定、价值较高、易于分割、便于保存和携带。金属货币虽有很多优点，但缺点也随着商品流通的不断扩大而日渐暴露出来，即鉴别成色和称量麻烦；携带运输成本高且有相当风险；会因磨损而减轻分量，使铸币面值与实际价值不相符；等等。于是，金属货币逐渐被其他货币形式取代。

3. 信用货币

信用货币是以信用为保证，通过一定信用程序发行的，独立行使货币职能的现代货币形态。信用货币不以任何贵金属为基础，不能与贵金属相兑换，其后盾是国家权力，依存的是信用关系。目前，世界各国都采用这一货币形态。例如，现金，即通常说的钞票，包括纸币和金属辅币。在日常经济生活中，现金主要服务于居民个人用于消费品购置、支付工资等，同时也用于企业单位的小额零星购置与支付。银行存款也是信用货币的主要组成部分。在日常经济生活中，存款货币主要服务于企业单位之间的经济往来以及税款上缴、财政经费下拨、银行贷款的发放与收回等活动。银行存款的种类很多，并且随着信用关系的发展，其应用范围也越来越广，居民个人的日常货币收付也越来越多地采用存款货币形式。因此，银行存款在信用货币中所占的比重越来越高。

4. 电子货币

电子货币是指用电子计算机系统存储和处理的存款，表现为各种各样的价值储藏卡。例如，目前应用最为广泛的信用卡等，其显著特征是货币形态无纸化。在日常生活中，人们购买商品、享受服务或进行支付时，只需在银行安装的终端机上刷卡，电子计算机便会自动将交易金额分别记入收付双方的银行账户，体现出货币流通网络化的特征，但是没有网络的地区、地点和部门无法实现电子货币的流通。电子货币具有转移迅速、相对安全和节约费用的优点。

二、货币制度的演变

（一）货币制度的形成及内容

1. 货币制度的形成

货币制度简称币制，是一个国家以法律形式确定的该国货币流通的结构、体系与组织形式。换句话说，货币制度是国家为保障货币流通的正常进行而制定的货币和货币运动的准则与规范。

2. 货币制度的内容

(1) 货币材料。货币材料是确定用何种材料充当货币。确定的货币材料不同，就有不同的货币制度。例如，以白银作为货币材料就是银本位制，以黄金作为货币材料就是金本位制，以纸币作为货币材料就是纸币本位制等。“本位”是货币制度的一个术语，源于国家规定何种币材作为法偿货币。

(2) 货币单位（价格标准）。货币材料确定后，就要进一步确立货币单位，包括规定货币单位的名称和单位货币价值量，如在金属本位制下，要确定单位货币包含的货币金属重量。例如，英国的货币单位为“英镑”（Pound Sterling），货币符号为“£”。1816 年 5 月，英国的金本位制法案规定，1 英镑含成色 11/12 的黄金 123.744 7 格令，合 7.97 克。美国的货币单位是“美元”（USDollar），货币符号为“$”。根据美国 1934 年 1 月的法令规定，1 美元含金量为 0.888 867 1 克。

(3) 本位币和辅币的铸造、发行与流通程序。本位币是国家法律规定的标准货币。在金属货币制度条件下，本位币亦称“主币”，是一国计价、结算唯一合法的货币单位。金属本位币是用一定货币金属按照国家规定的货币单位铸造的铸币。起初，铸币在民间铸造，其信誉和流通范围受到一定限制，后来逐步改由国家铸造，因为拥有政府权力的国家最具权威，国家铸造一定形状、一定重量和成色，并打上印记的货币，能够起到稳定价值尺度、统一流通手段的作用。

金属本位币在流通上具有三大特征。其一，自由铸造，即每个公民都有权把货币金属送到造币厂铸成本位币。其二，无限法偿，即国家规定本位币拥有无限制的支付能力，不论每次支付的数量多么巨大，如果用本位币支付偿债，商品出卖者和债权人都不能拒绝接受或要求改用其他货币。其三，规定磨损公差。出于技术原因，有时会出现铸币的实际重量与法定标准不符或在流通中因逐渐磨损而使重量减轻。为了避免因此而导致的本位币贬值，货币制度规定了每枚铸币实际重量不足法定重量的限度，称为磨损公差，超过磨损公差的铸币不能流通使用。

辅币是本位币以下的小额通货，供日常交易和找零之用。其流通特点恰恰与本位币相反。

其一，限制铸造。由于辅币通常由贱金属铸造，其名义价值往往高于实际价值，因此辅币仅限于国家垄断铸造。其二，有限法偿，即法律规定辅币在一次支付中具有最高限额，超过限额，收款人和债权人有权拒收。

随着经济的发展，金属货币远不能适应生产和流通扩大的需要，于是出现了信用货币价值符号的流通。在当代不兑现的信用货币制度下，国家授权中央银行集中货币（纸币）发行，并授予这类价值符号无限法偿的能力。

（4）黄金准备制度。黄金准备制度是指一国货币发行的物质基础。从历史上看，黄金准备制度长期以来一直是准备制度的主要内容。黄金准备制度是指国家集中储备黄金，作为稳定货币和汇率的平准基金以及发行货币的准备金。

黄金准备的用途有作为国际支付的准备金，作为调节国内金属货币流通的准备金，作为支付存款和兑换银行券的准备金。

在目前贵金属货币停止流通的条件下，货币金属准备的第二个、第三个用途已经消失，只有第一个用途依然存在，因为黄金仍然是国际支付和结算的最后手段。

目前，世界各国建立了以特定自由兑换的外汇，如美元、欧元、日元，还有这些货币的债权等作为准备金的制度，以便用于国际支付结算。需要指出的是，在现代信用货币制度下，保障货币发行和流通正常的准备制度的主要内容已经不再是黄金和外汇，而是国内的商品保有量和未来的产出量。商品的价值总量是发行和流通信用货币的最重要与最主要依据之一。外汇和黄金只是用于国际支付，起着保持本国货币对外兑换比率稳定的平准基金作用。

（5）规定货币的对外关系。规定货币的对外关系是指规定本国法定货币同外国货币是自由兑换货币，还是不自由兑换货币，即管制货币。货币的对外关系是由一国的政治、经济、文化和历史传统等诸多因素决定的。

（二）货币制度的类型

纵观世界各国货币制度的演变过程，大体上经历了银本位制、金银复本位制、金本位制、纸币本位制几种类型，如图 1-2 所示。

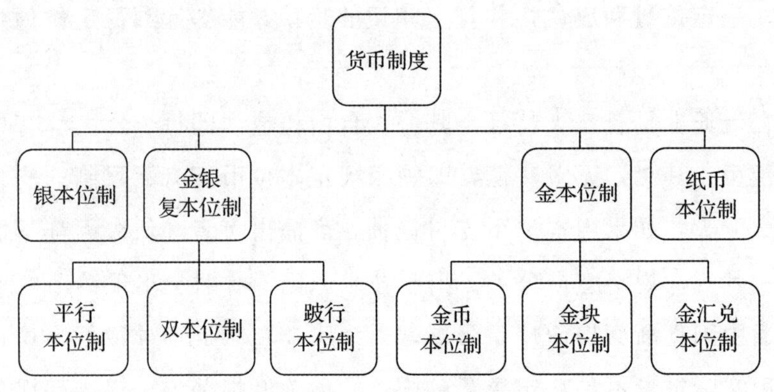

图 1-2　货币制度演变过程

1. 银本位制

银本位制是以白银作为本位币的一种货币制度。其基本内容是：本位币的币材是白银，银币可以自由铸造、自由熔化，银行券可以自由兑换成银币，白银与银币可以自由输入或输出，银币具有无限法偿能力。

银本位制是历史上最早的货币制度，16 世纪以后开始盛行，如墨西哥、日本、印度等国都实行过银本位制。银本位制分银两本位制和银币本位制。我国自宋代开始银铜并行，直至 1910 年 4 月清政府颁布了《币制则例》，正式确定实行银本位制。而我国银本位制的健全则是在 1933 年，国民政府宣布“废两改元”，公布《银本位铸造条例》，但 1935 年 11 月又宣布实行“法币改革”，废止了银本位制。

2. 金银复本位制

金银复本位制是指同时以金、银两种金属作为本位货币的货币制度。其基本内容是：金、银两种金属同时作为币材；金币和银币都可以自由铸造、自由熔化，自由输入或输出；金币和银币都具有无限法偿能力。实行金银复本位制，必须确定金币和银币的比价。按比价的确定方式不同，金银复本位制又分为以下三种。

（1）平行本位制。平行本位制是指金币和银币间的比价由金银本身的市场价值决定。例如，英国 1663 年铸造的金币“基尼”与银币“先令”并用，两种通货按金银的市场实际价值比价流通。

（2）双本位制。双本位制是指金币和银币间的比价由国家及货币管理当局规定。例如，美国在 1792 年规定，金币与银币的法定比价是 1∶15。

（3）跛行本位制。这是从复本位制向金本位制过渡时出现的一种特殊的货币制度。由于法定使用银币向金币过渡中，先是银币多、金币少，后是金币多、银币少，类似跛行者的一足短、一足长的现象。

金银复本位制在理论和实践上都存在重大缺陷。从理论上看，货币是市场上价值衡量的准绳，具有排他性和独占性，一个市场只能有一个价值尺度，市场上也只认一个衡量权威。复本位制的双重标准，必然在实践中引起商品流通的混乱。当金币和银币都按照其本身所含的价值流通时，商品就出现两种价格，这两种价格又会随着金银本身的市场价格变化而变化。如果由官方硬性规定金与银的法定比价（双本位制），随着金银本身比价变化会出现“劣币驱逐良币”现象，又称“格雷欣法则”。两种实际价值不同而法定价值固定的通货同时流通时，实际价值较高的通货（良币），会被人们收藏，退出流通；而实际价值较低的通货（劣币）则会充斥市场，最终将良币完全逐出市场。

任何社会形态的产生和发展，都要求有一个相对稳定的货币制度。英国率先从复本位制过渡到金本位制，其后欧洲诸国相继效仿，到 19 世纪末，世界主要工业化国家都实行了金本位制。

3. 金本位制

金本位制是指以黄金为本位币的货币制度。其具体形式先后经历了金币本位制、金块本位制和金汇兑本位制。

（1）金币本位制。金币本位制又称金铸币本位制，是典型的金本位制，其基本内容是：黄金是本位币的币材，金币可以自由铸造、自由熔化，黄金和金币可以自由输入或输出，银行券可以自由兑换成金币，金币具有无限法偿能力。

上述特征决定了金币本位制是独具稳定性的货币制度。这种稳定性突出地表现在自发调节货币流通量、通货的币值对黄金的不贬值、外汇市场的相对稳定等方面。

英国是最早实行金币本位制的国家，于1816年宣布实行，从1819年正式实施。其后，19世纪70年代先后有德国、丹麦、瑞典、挪威、法国等欧洲工业化国家相继由金银复本位制过渡到金币本位制。到20世纪初，世界各国已经广泛实行金币本位制。

金币本位制这一稳定的货币制度，极大地推动了资本主义经济的发展。人们把金币本位制下的金币流通称为“货币的黄金时代”。第一次世界大战以后，由于各资本主义国家经济发展不平衡与黄金存量不平衡的加剧，英国、法国等国家的黄金存量减少，资本主义国家要恢复第一次世界大战前那种典型的金本位制已经不可能了，于是建立了变相的金本位制，即金块本位制和金汇兑本位制。

（2）金块本位制。金块本位制又称生金本位制，是指国内不铸造、不流通金币，而流通代表一定重量黄金的纸币，黄金由国家集中储存，纸币可以按照一定条件向中央银行兑换成金块。其特点是：纸币单位规定含金量，在一定数额、一定用途内兑换黄金。例如，英国于1925年规定，1 700英镑（合400盎司纯金）以上才能兑换黄金；法国于1928年规定，兑换黄金的最低限额为21 500法郎。其间实行金块本位制的国家还有荷兰、比利时等国。

（3）金汇兑本位制。金汇兑本位制又称虚金本位制，是实行纸币流通，但只准以外汇间接兑换黄金的货币制度。其特点是：货币规定单位含金量，但不能直接兑换黄金，只能兑换外汇，以外汇间接兑换黄金；中央银行将黄金外汇存于另一个实行金本位制的国家，规定本国货币与该国货币的法定比率；以固定价买卖外汇，稳定币值和汇率。

实行金汇兑本位制的国家，实际上是使本国货币依附于经济实力雄厚的外国货币，如英镑、美元等，但会在经济上和货币政策上受这些国家的左右乃至控制。

资本主义周期性危机，特别是1929—1933年的世界经济危机，使资本主义经济遭受重创。严重的经济危机冲击了货币制度，各国纷纷放弃金本位制，转而实行不兑现的信用货币制度。

4. 纸币本位制

纸币本位制是指以纸币为本位币的货币制度，属于不兑现的信用货币制度。纸币是由国家强制发行和流通的、不兑换金银的货币符号。纸币本位制取代金属货币本位制，是货币制度演进的质的飞跃，突破了商品形态的桎梏，而以本身没有价值的信用货币作为流通中的一般等价物。不兑现的信用货币制度有以下特点。

（1）流通中的货币都是信用货币，金银不再作为货币进入流通。

（2）信用货币由中央银行垄断发行，并由国家法律赋予无限法偿能力。

(3) 信用货币的发行量不受黄金准备的限制，而取决于货币管理当局实施货币政策的需要。

(4) 信用货币都是通过银行信用程序投入流通领域的，通过银行信用的扩张或收缩可以调节货币流通量。

(5) 中央银行对货币流通的调节日益成为国家对宏观经济调控的一个重要手段。

不兑现的信用货币制度仅有很短的历史，这种货币制度创造了货币对经济调节的“弹性”作用，适应商品生产和交换的发展，显示出较为优越的特性，成为当今世界各国普遍采用的货币制度。但是其核心内容是币值稳定，促进经济增长。而纸币币值稳定程度主要取决于银行的信用、社会资源的保证程度以及社会公众的信心。

第三节　货币的本质、职能与层次划分

一、货币的本质

在日常生活中，我们几乎天天都要和钱打交道。中国的钱叫“人民币”，美国的钱叫“美元”，日本的钱叫“日元”，英国的钱叫“英镑”，大多数欧盟国家的钱叫“欧元”，看来这个世界上的每个国家都有自己的货币。货币的本质到底是什么呢？我们可以从三方面来理解。

（一）货币是商品

早期的实物货币一般是由普通的、大家乐意接受的商品来充当，其本身既作为商品，又作为货币充当媒介。从货币的发展史来看，牲畜、贝壳等都充当过货币。在中国的殷商到西周时期（约公元前 1600 年至公元前 771 年）就用贝壳作为货币。中国古代的铸币曾铸成刀、铲、斧、环等形状，说明在古代的交换中也有农具充当过货币。

（二）货币是特殊商品

货币是固定充当一般等价物的特殊商品。这种特殊商品有以下两个显著特征。

第一，它是衡量和表现一切商品价值的材料，通过货币“标价”，表明各个商品含有价值及价值量的大小。但是货币能表现一切商品的价值，那么其自身的价值，即币值又是什么呢？在黄金货币本位制下，货币的币值，即黄金本身的价值；在现代信用货币制度（纸币制度）下，货币的价值是由货币的购买力来表现的。

第二，它可以购买任何商品。货币具有同一切其他商品直接交换的权利，其地位是独特的。货币是价值的直接体现者，是社会财富的代表，是一切购买力的代表，因此货币成为每个商品生产者追求的对象。

（三）货币体现了一定的社会生产关系

在商品货币关系中，具体劳动、个别劳动向抽象劳动、社会劳动的转化，或者说凝结于商品价值中的私人劳动，能否为社会所承认，取决于能否换回货币（卖出去）和换回多少货币（卖什么价格）。这一切是在市场竞争中进行的。货币像一只看不见的手，自发地核算着商品生产者的劳动。商品生产者的投入成本和产出效益是盈是亏，是通过货币显示出来的。货币在核算社会劳动的同时，还具有调节资源配置的作用。

因此，货币作为社会公认的一般等价物，集中体现了社会生产关系，即人们之间的经济利益关系。

二、货币的职能

货币作为一般等价物，在现代经济中具有以下五项职能。

（一）价值尺度

价值尺度是指货币具有表现商品和劳务的价值，并能衡量其价值量大小的功能，即货币在衡量并表示商品价值量的大小时，执行价值尺度职能。商品的价值用货币表现出来后，即成为商品的价格，所以价格是商品价值的货币表现。由于各种商品的价值量不同，表现为货币的数量和价格的高低也不同。例如，1 辆自行车的价格是 500 元，1 辆小汽车的价格是 15 万元。作为价值尺度的货币只是观念形态，不需要现实的货币。

（二）流通手段

流通手段是指货币在商品交换中充当交易媒介的功能，即货币在商品交换中起媒介作用，执行流通手段职能。货币出现后，商品交换不再是物与物的直接交换，而是商品所有者先把商品换成货币，即“卖出”，然后再用货币换取所需商品，即“买进”。这种以货币为媒介的商品交换，即商品流通。货币充当商品交换的媒介，执行流通手段的职能，降低了买卖的难度，缩短了交易时间，节省了交易成本，大大提高了交换的效率，并确保了商品流通的链条连续运转。与货币的价值尺度职能不同的是，充当流通手段的货币不能是观念上的货币，而必须是现实的货币。当然由于货币只是交换的手段，不是目的，因此这里所说的现实的货币不需要有足值的货币本体，可以用货币符号来代替，如实际价值低于名义价值的不足值的铸币、用纸印制的钞票等。

（三）储藏手段

当货币暂时退出流通，被人们当成社会财富保存起来时，货币就执行了储藏手段职能。在金属货币流通的条件下，储藏金银是积蓄和保存价值的典型形式，其作用显而易见，即调节流通中的货币量。当流通中需要的货币减少时，多余的金属货币就会退出流通领域被储藏起来；反之，当流通中需要的货币较多时，储藏的金属货币又会重新进入流通领域以满足商品流通的需要。如果说储藏货币是“蓄水池”，那么储藏手段就是“排水沟”和“引水渠”。在现代信用货币流通的条件下，人们除了以金银及其他资产，如房产、珠宝等储藏价值外，更为普遍的还是采用银行存款的形式。对价值储藏者来说，只要不发生通货膨胀，币值稳定，信用货币的储藏同样具有积蓄和储存价值的意义，但从全社会来看，这并不意味着有相应数量的货币退出流通，因为银行等机构可以通过贷款等方式将其重新投入流通领域，而不像金属货币储藏那样退出流通，暂时处于静止状态。因此，在信用货币流通的条件下，需要货币管理当局加以调控，方能实现货币流通的稳定。

（四）支付手段

支付手段是指货币作为价值的独立形态进行单方面的转移时，用以清偿债务或进行付款的功能。货币支付手段的职能最初是由商品赊销引起的。商品的买方在偿还赊销款项时，货币已经不是作为商品交易的媒介，而是作为价值的独立形态单方面转移到卖方。随着商品交换及信用关系的发展，货币支付手段职能的领域不断扩大，除了货币借贷及商品流通领域之外，缴纳税赋、交付租金、支付工资等，都是货币在执行支付手段的职能。

执行支付手段职能的货币与执行流通手段职能的货币一样，都是现实的货币，流通中的每一枚货币，常常是交替执行这两种职能。因此，流通中需要的货币数量不仅取决于商品价格总额，即执行流通手段职能所需要的货币数量，同时还受货币执行支付手段职能的影响。

（五）世界货币

随着国际贸易及其他对外经济往来的发展，货币超越国界在国际市场上发挥一般等价物的作用，执行价值尺度、流通手段、支付手段、储藏手段职能时，货币便成了世界货币。

三、货币的层次划分

随着货币与经济关系日益密切，客观上要求政府对现金的发行及信用的扩张加以控制，使货币的供给适应经济发展的需要，避免产生经济的波动和危机。因此，货币供应量的概念及对货币供应量层次的划分也就应运而生了。

我国对货币层次的研究起步较晚，但发展迅速。划分货币层次必须按照以下原则：划分货币层次应把金融资产的流动性作为基本标准；划分货币层次要考虑中央银行宏观调控的要求，应把列入中央银行账户的存款同专业银行的存款区别开来；划分货币层次要能反映出经济情况的变化，考虑货币层次与商品层次的对应关系，并在操作和运用上有可行性；划分货币层次宜粗不宜细。

（一）以货币职能作为标准划分

现金货币、存款货币和各种有价证券均属于货币范畴，随时都可以转化为现实的购买力，但它们不等于现金。存款货币、有价证券的流动性相同，货币性一样。例如，现金和活期存款是直接的购买手段和支付手段，随时可以形成现实的购买力，货币性或流动性最强。而储蓄存款一般要转化为现金才能用于购买，定期存款到期方能用于支付，如要提前支付，还要蒙受一定损失，因而流动性较差。票据、债券、股票等有价证券要转化为现实购买力，必须在金融市场出售之后还原为现金或活期存款。

由于上述各种货币转化为现实购买力的能力不同，从而对商品流通和经济活动的影响有区别。因此，有必要对这些货币形式进行科学的分类，以便中央银行分层次区别对待，提高宏观调控的计划性和科学性。

货币按购买力的性质划分如下。

M0＝现金

M1＝M0＋活期储蓄＋机关团体活期存款

M2＝M1＋定期储蓄

M3＝M2＋企业活期存款＋专用基金存款＋基本建设存款

M4＝M3＋财政存款＋企业定期存款＋国库券

（二）以资产与国民经济之间的关系作为标准划分

货币供应量（或货币供给）是指在一定时点上由政府和存款机构之外的经济主体拥有的货币总量。在货币供应量的构成方面，大多数经济学家认为货币应包括那些在商品交易及债务支付中作为交易媒介和支付手段而被普遍接受的东西，他们把货币定义为流通中的现金和支票存款，这就是狭义货币 M1。有些经济学家认为，金融机构的储蓄存款及其他短期流动资产是潜在的购买力，很容易变成现金，因此主张以流动性为标准，划分更为广义的货币概念层次，从而形成广义的货币供应量指标 M2、M3、M4 等。这种观点已经被大多数西方国家的政府接受，各国的中央银行都用多层次或多口径的方法来计算和定期公布货币供应量。

货币从供给管理的角度划分如下：

M0＝流通中的现金

M1＝M0＋专业银行的各项存款

M2＝M1＋财政金库存款＋基建存款＋机关团体存款＋邮政储蓄存款

（三）以资产流动性作为标准划分

货币按金融资产的流动性划分如下：

M0＝现金

M1＝M0＋企业活期存款＋机关团体部队存款＋农村存款＋个人持有的信用卡类存款

M2＝M1＋城乡居民储蓄存款＋企业存款中具有定期性质的存款＋信托类存款＋其他存款

M3＝M2＋金融债券＋商业票据＋大额可转让定期存单等

其中，M1 是通常所说的狭义货币的供应量，M2 是广义货币的供应量，“M2－M1”是准货币，M3 是考虑到金融不断创新的现状而增设的。

思考练习

1. 金融的构成要素有哪些？

2. 甲企业因购买了乙企业价值 300 万元的设备，成为乙企业的债务人；乙企业因向甲企业购买了 200 万元的服装，成为甲企业的债务人。在清理债权债务时，总值 500 万元的商品交易，双方的债权债务部分抵销以后，最后由甲企业向乙企业支付 100 万元的货币了结。这项交易体现了货币的什么职能和作用？应注意什么问题？

3. 请解释物物交易及其局限性，并举例说明物物交易为什么一般存在于落后的传统社会。

4. 请阐述货币的职能，并就货币的每一个职能举例予以说明。

5. 在不兑现信用货币制度下，货币有哪些特点？

第二章

利息、利率与信用

学习目标

掌握利息和利率的含义。

熟悉影响利率变动的因素。

能够用单利计算法和复利计算法计算利息。

区分名义利率和实际利率。

分析和解释利率对不同经济主体的影响。

分析利率的微观作用和宏观作用。

了解信用的内涵。

了解信用的基本要素。

熟悉不同信用形式的差别和特征。

能够判断不同的信用形式。

案例导入

大学的生活丰富多彩，需要用钱的地方太多了，这不，一不留神，小金明显感到手头有点紧，怎么办？向爸妈要吧，生活费爸妈给的已经不算少了，有点张不开口，小金只好考虑向同寝室的几个同学借钱。

向谁借合适呢？借多少呢？借多久呢？会不会被拒绝呢？要不要写欠条呢？还钱的时候该如何感谢一下呢？

想到这里，小金有点犹豫。

【思考】

小金借钱时可能会碰到哪些困难？如果小金向你借钱，你会借给他吗？你自己或者身边的同学、朋友也有过类似小金的苦恼吗？你是怎样解决的呢？

第一节　利息与利息率

一、利息的本质

利息是在信用关系中借款人支付给贷款人的报酬，在数量关系上表现为超过本金的那部分金额。利息是伴随着信用关系的产生而产生的经济范畴，只要存在信用关系，利息就必然存在。从一定意义上讲，利息还是信用关系存在和发展的必要条件。

马克思在透彻地分析借贷资本和产生资本的关系、资本所有权和使用权之间的关系、货币资本家和职能资本家的关系后指出："事实上，只有资本家分为货币资本家和产业资本家，才使一部分利润转化为利息，一般地说，才产生出利息的范畴；并且，只有这两类资本家之间的竞争，才产生出利息率。"① 马克思认为，借贷资本的运动是二重支付和二重回流的运动，从表面上看，借贷资本的运动是脱离了社会再生产过程的纯价值运动，而实际上，借贷资本的运动是以产业资本的运动为基础的价值运动。利息绝不是货币本身产生的，也不是在再生产过程之外的借贷活动中产生的，更不是在购买生产要素和销售商品的流通过程中产生的，而是工人在再生产过程中创造的归货币所有者占有的剩余价值的一部分。因此，马克思从根本上回答了利息的来源和本质，从而揭开了利息神秘的面纱。根据马克思对利息本质的论述，

① 中共中央马克思恩格斯列宁斯大林著作编译局．资本论：第3卷［M］．2版．北京：人民出版社，2004.

可以从以下三个方面来准确、全面地理解和把握利息的本质。

（1）从利息的来源看，利息是剩余价值的转化形式。利息是工人在再生产过程中创造的剩余价值的一部分，是剩余价值的转化形式，是货币资本家和产业资本家共同瓜分剩余价值的结果。

（2）从借贷双方的关系看，利息是财富的分配形式。利息是利润的一部分，因此是社会总产品的组成部分，表现为社会一定时期财富的增加。

（3）从市场供求关系看，利息是借贷资本的价格。在现代经济社会中，多种融资方式并存使得融资成为市场行为，金融工具成为商品，资金需求者通过出售金融商品而筹措资金；资金供应者通过购买金融商品而投资，资金供求关系转化为金融商品的买卖关系，利息成为金融商品的价格。

二、利息率

（一）利息率的含义

利息率是指一定时期内获得的利息额与本金的比率，简称为利率。它体现了借贷资本或生息资本的增值程度，是衡量利息量的尺度。利率是租赁资金的价格。资金的供给方（债权人）把一笔资金转让出去具有一定机会成本和风险：首先，即使贷款者最终可以收回自己贷出去的总金额，贷款期内失去的机会也无法找回；其次，把资金借给他人，可能会由主观或客观原因产生无法收回本金的风险。因此，要收取一定的利息。利率的基本计算公式为：

$$利率=\frac{利息额}{预付借贷资本}\times 100\%$$

按照我国的传统习惯，不论是年利率、月利率、日利率都用“厘”作为单位。年利率一般用本金的百分比来表示，称为年息几厘（如年息百分之五，称为年息5厘）；月利率一般用本金的千分比来表示，称为月息几厘（如月息千分之五，称为月息5厘）；日利率一般用本金的万分比来表示，称为日息几厘（如日息万分之五，称为日息5厘）。现在也常用“分”作为利率的单位。“分”是“厘”的10倍。

过去，习惯以月利率为主，现在已正式用年利率表示。年利率、月利率和日利率之间的换算公式如下：

$$年利率=月利率\times 12$$

$$日利率=年利率\div 360$$

（二）利息的一般计算方法

根据利息计算的基准不同，利息的计算通常有两种方法，即单利计算法和复利计算法。

1. 单利计算法

单利计算法是指在规定期限内只把借贷的本金作为计算利息依据的一种计息方法。

利息的计算公式如下：

$$I=P\cdot r\cdot n$$

本利和的计算公式如下：

$$S=P\cdot(1+r\cdot n)$$

式中，I 代表利息，P 代表本金，r 代表利率，n 代表期限，S 代表本利和。

单利计算法的特点是对利息不再计算利息，计算比较简便易行，但这种计算方法没有考虑货币的时间价值。

2. 复利计算法

复利计算法是指将上一期的利息加入本金，作为本期计算利息依据的一种计算方法，也就是通常我们说的“利滚利”。本利和及利息的计算公式如下：

$$S=P\cdot(1+r)^n$$

$$I=S-P$$

复利计算法的特点是考虑了货币的时间价值，不仅对本金计算利息，而且对利息也计算利息，但计算比较烦琐。

三、利率的种类

利率是一个非常复杂的经济变量，一方面是由于金融资产的多样化；另一方面人们可以从不同的角度来考察利率，使其在金融市场上具有各种各样的表现形式。

（一）名义利率和实际利率

在市场经济条件下，市场的物价水平经常会出现一定程度的波动，而市场物价的变动导致了金融资产持有者的实际收入水平和名义收入水平呈现不一致，这种不一致的实质是物价水平的变动造成的名义利率和实际利率的不一致。名义利率是指以货币为标准计算出来的利率，通常是在没有考虑通货膨胀率的条件下，投资者根据借贷契约上载明的应该收到的利率或债务人应该支付的利率，也称为货币利率。实际利率是指名义利率剔除物价变动因素，以实物为标准计算出来的利率，它表明投资者实际所获得的利率或债务人实际所要支付的利率。名义利率、实际利率和通货膨胀率三者之间的数量关系有两种计算方法。

$$r=\frac{i-P}{1+P}$$

$$r=i-P$$

式中，r 代表实际利率，i 代表名义利率，P 代表通货膨胀率。

这两种计算方法的结果会有一定的误差。第一种计算方法比较精确，一般用于核算成本和实际收益；第二种计算方法比较直观简便，一般用于估算成本、收益及进行理论阐述。

在市场经济运行过程中，由于物价水平要随着商品供求关系和货币供求关系的变化而不断变化，即使名义利率相对稳定，实际利率也会不断变化。实际利率是资金使用者的实际成本，同样也是资金提供者的实际收益，因此，实际利率的变化势必对货币资金的供求关系以及人们对金融资产的选择产生影响。

在经济生活中，正确把握名义利率和实际利率极为重要。当市场物价稳定，通货膨胀率等于零时，实际利率就等于名义利率；当通货膨胀率高于名义利率时，实际利率则表现为负数，我们称为负利率。负利率的实质意义是人们持有金融资产在名义上有利息的收益，而实际上是金融资产持有者的金融资产不断贬值和损失。

名义利率与保值贴补

当通货膨胀率很高时，实际利率将远远低于名义利率。由于人们往往关心的是实际利率，因此若名义利率不能随通货膨胀率进行相应的调整，人们储蓄的积极性就会受到很大的打击。例如 1988 年前 3 个季度居民的银行储蓄不仅未给存款者带来收入，就连本金的实际购买力也在日益下降。

针对这一现象，中国的银行系统于 1988 年第 4 季度推出了保值存款，将名义利率大幅度提高，并对通货膨胀所带来的损失进行补偿。表 2-1 给出了 1988 年第 4 季度到 1989 年第 4 季度中国的银行系统 3 年定期存款的年利率、通货膨胀补贴率和总名义利率。其中，总名义利率等于年利率和通货膨胀补贴率之和。

表 2-1　中国的银行系统对 3 年定期存款的保值贴补措施　　单位：%

年份（季度）	年利率	通货膨胀补贴率	总名义利率
1988（4）	9.71	7.28	16.99
1989（1）	13.14	12.71	25.85
1989（2）	13.14	12.59	25.73
1989（3）	13.14	13.64	26.78
1989（4）	12.14	8.36	21.50

保值贴补措施使得存款实际利率重新恢复到正数水平。以 1989 年第 4 季度到期的 3 年定期存款为例，从 1988 年 9 月 10 日（开始实行保值贴补措施的时间）到存款人取款这段时间内的总名义利率为 21.5%，而这段时间内的通货膨胀率，如果按照 1989 年的全国商品零售物价上涨率来计算的话，仅为 17.8%，因此实际利率为 3.7%。实际利率的上升使存款的收益得到了保护，老百姓又开始把钱存入银行，银行存款减少的局面很快得到了扭转。

（二）固定利率和浮动利率

根据利率在整个借贷期间是否调整，可把利率分为固定利率和浮动利率。

固定利率是指利率在整个借贷期间按借贷时契约规定的利率执行，不随市场利率的变化而变动。它的特点是简便易行，有利于借贷双方核算成本和收益。但在通货膨胀条件下，债权人要承担由于通货膨胀给其造成金融资产损失的风险，特别是在中长期借贷中风险更大。

浮动利率是指在借贷契约上规定，在借贷期间利率要根据市场利率的波动定期调整的利率。它的特点是避免了在借贷期间由于市场利率的波动给借贷双方带来的风险，但利息的计算相对比较复杂，而且不利于借贷双方成本和收益的核算。目前，在国际债券市场和中长期借贷中，浮动利率被广泛地采用。

（三）官定利率和市场利率

官定利率是指由政府金融管理部门或者中央银行确定的利率，它在一定程度上反映了非市场的强制力量对利率形成的干预，是国家实现宏观经济目标的重要政策手段，也称为法定利率。市场利率是指在金融市场上资金供求双方自由竞争所形成的利率，是资金供求的指示器。官定利率对市场利率起着导向作用，官定利率的升降通常会使市场利率随之升降。

虽然官定利率和市场利率是从资金价格决定权的角度来分析利率的形式，但实际上，在统一的官定利率背景下，受融资形式多样性、经济发展的不平衡、市场分割等因素影响，市场利率也会有多种表现。例如，在一个国家内部，经济较发达地区和经济欠发达地区的市场利率水平就会呈现一定的差距。

（四）短期利率和长期利率

由于资金借贷期限长短的不同，利率水平也有不同的表现。通常把借贷期限在一年以内所采用的利率称为短期利率，把借贷期限在一年以上所采用的利率称为长期利率。资金借贷期限的长短对借贷资金的风险、借贷资金的盈利水平和资金的时间价值等方面都有不同的影响。通常来说，资金借贷期限越长，资金的时间价值就应该越大，经营者的获利也会越多，同时，市场不确定因素的影响越大，市场经营风险也就越大，所以贷出者所获得的报酬也应越多，借入者所支付的利息也应越多。划分长短期利率的真正意义在于：明确借贷期限长短对利率水平的影响，掌握期限利率结构的管理要求，确保借贷资金的真实收益。

（五）一般利率和优惠利率

根据对不同对象和项目执行不同的利率水平来划分，利率可分为一般利率和优惠利率。一般利率是指金融机构按市场的一般标准发放贷款和吸收存款所执行的利率。优惠利率是指低于市场一般标准的贷款利率和高于市场一般标准的存款利率。用优惠利率对国家重点扶持的贷款项目和贷款对象进行信贷支持，是国家对经济结构和产业结构调整的需要。在国际金融市场上，人们普遍将低于伦敦银行间同业拆放利中的利率视为优惠利率。

（六）存款利率和贷款利率

根据商业银行的存货业务来划分，利率可分为存款利率和贷款利率。存款利率是指商业银行和非银行金融机构在吸收客户存款时所采用的利率。贷款利率是指商业银行和非银行金融机构在向客户发放贷款时所采用的利率。在正常情况下，贷款利率必须高于同期存款利率，因为对商业银行来说，贷款利率与存款利率之差是商业银行主要的业务经营收入，商业银行的收益大多来自存贷款的利差。

什么是LPR？

贷款基础利率，又称贷款市场报价利率（Loan Prime Rate，LPR），是商业银行对其最优质客户执行的贷款利率，其他贷款利率可在此基础上加减点生成。贷款基础利率的集中报价和发布机制是在报价行自主报出本行贷款基础利率的基础上，指定发布人对报价进行加权平均计算，形成报价行的贷款基础利率、报价平均利率并对外予以公布。运行初期向社会公布一年期贷款基础利率。

2013年10月25日，我国正式运行贷款基础利率集中报价和发布机制，首日一年期贷款基础利率为5.71%。

第二节　利率的影响因素和作用

一、利率的影响因素

不管是马克思的利率决定理论，还是西方经济学家的利率决定理论，都是从理论上探讨利率的决定机制，而且由于现实经济的局限性，只能起到一定的借鉴作用。下面我们从现实的角度出发，结合上面所介绍的利率决定理论，进一步探讨决定和影响利率水平的因素。

（一）社会平均利润率

根据马克思的利率决定理论，利息表现为借入者因获得资金的使用权而付给贷出者的一

部分利润，利息是利润的一部分。利息这种质的规定性决定了它的量的规定性，社会平均利润率成为决定和影响利率水平的最基本因素。总的来说，利率既不能小于零，也不会超过社会平均利润率，即利率总是在零和社会平均利润率之间摆动。

（二）借贷资本的供求状况

在商品经济条件下，借贷资本是一种特殊的商品资本，利息是转让这种特殊商品的报酬，或者说是使用借贷资本的价格。尽管借贷资本是一种特殊的商品，但它也同普通商品一样要受到价值规律的支配和制约，其价格也要受到借贷资本供求状况的影响。当市场上借贷资本供不应求时，利率就会上升，贷出者可以得到较多的收益；当市场上借贷资本供过于求时，利率就会下降，借入者可以支付较少的利息，从而获得更多的利润。所以，借贷资本的供求状况是影响利率变动的一个重要因素，它决定着市场某一时刻利率的高低。

（三）社会再生产的经济周期

在正常的社会再生产条件下，利率水平的高低主要是由社会平均利润率和资金的供求状况决定的，但在社会再生产出现危机时，由于商品过剩、价格下降、销售不畅、生产停止，一方面，多数企业为了求得生存和发展，迫切需要注入新的资金来维持生产，表现为市场上对资金需求的大量增加；另一方面，资金的供给者为了保证自己资金的安全，一般不愿意将资金存入银行，造成了市场上资金供求矛盾日益突出，致使利率产生较大幅度的上涨，甚至超过社会平均利润率。在经济危机过后的萧条时期，由于生产的停止和压缩，工商企业的结余资金日益增多，市场上有较为充足的资金供给；同时，企业对资金的需求量却日渐萎缩，从而造成利率水平的不断下降。

（四）物价水平

市场商品的价格水平不仅和商品的供求有直接的关系，还和货币的购买力大小有直接的关系。物价上涨表现为货币的贬值和货币购买力的下降，物价下跌表现为货币的升值和货币购买力的上升。虽然利率与物价水平并没有直接的必然联系，但由于货币形式的借贷资金体现着一定量的货币购买力水平，因此物价的升降引起货币购买力的变动，必然影响借贷双方对资金价格的评价。对借入者来说，由于物价上涨，货币贬值，如果名义利率不变，就等于降低了实际利率，从而减少了偿还本息的实际货币量，从中获得了额外的收益；而对贷出者来说，由于物价上涨，货币贬值，如果名义利率不变，就等于降低了实际利率，从而降低了贷出资金的实际收益，而且如果名义利率小于通货膨胀率，贷出者不仅没有实际收益，反而承受着实际损失。因此，物价水平高低的实质是改变了实际利率水平，在确定利率水平时必然要考虑市场的物价水平。

（五）国家的经济政策

国民经济是一个宏观运行的整体，无论是实行市场经济的国家，还是实行计划经济的国家，为协调全社会的整体经济利益，都要通过各种经济政策和经济手段来体现国家意志。利率政策是能比较直接体现国家意志的重要经济手段，通过利率水平、利率结构的确定和设计，努力实现国家的经济增长政策、产业政策和货币政策。国家可以通过规定和调整官定利率来影响整个市场利率的变动，通过差别利率和优惠利率实现对重点产业、部门或项目的扶持，进而实现对产业、行业或部门结构的调整和优化，保证国家产业政策的顺利实施。另外，中央银行可以通过公开市场业务、再贴现政策等货币政策来调控基准利率水平，影响资金的供求状况和资金流向，从而实现调控国民经济的目的。

（六）国际利率水平

全球经济一体化是当今世界经济发展的一种潮流，世界各国的联系越来越密切，商品、资金和技术等生产要素广泛地在世界范围内流动。在与国际经济的接轨中，国际利率水平对国内利率水平的影响也就越来越大。一般而言，国际利率水平对国内利率水平的影响是通过资金在国际的流动来实现的：当国内利率水平高于国际利率水平时，国外货币资金在追逐高额利息的驱动下流向本国，这不仅改善了本国的国际收支状况，而且改变了本国货币市场上的资金供求关系，促使本国利率水平的下降；当国内利率水平低于国际利率水平时，本国货币资金在追逐高额利息的驱动下流向国外，这同样改变了本国货币市场上的资金供求关系，加剧了本国资金供给的紧张，促使本国利率水平的上升。此外，利率对国际收支的影响，会带动本国货币价值的变化，从而直接影响本国的对外贸易。因此，国家在制定利率政策时，必然要考虑国际金融市场上的利率水平，尽量做到与国际利率水平接轨，使本国经济融入世界经济。

除此之外，商业银行的经营成本、国家的法律规定、传统习惯、国际的协议或默契等因素，都会影响本国利率水平的变动。所以，我们在分析和研究利率水平，制定利率政策时，一定要把影响利率水平的综合因素结合起来加以考虑。

二、利率的作用

利率是国家调控国民经济的重要经济杠杆，在调节微观经济主体行为和宏观经济政策方面起着不可替代的作用。

（一）利率对微观经济的调节作用

1. 影响各种市场主体的行为

利率的变动对金融市场、金融机构、企业、个人都有显著的影响。在其他条件不变的情况下，利率上调对于股市往往有负面影响，而利率下调往往会对股市形成利好效应。对于金融机构而言，利率上调往往是利好消息，会提高银行和保险机构的收益。对于企业而言，利率上调加大了企业的融资成本和利息负担，对实体经济会产生一定的紧缩作用。利率上调还

会增加居民在银行的存款和债券的投资，减少居民的消费信贷，对于按揭贷款买房的居民而言，利息负担加重，部分居民可能考虑提前还款。

2. 合理分配社会财富

利率是借贷资本的价格，是借款人取得资本使用权所付出的代价和贷款人出让资本使用权所获得收益的计算单位。在任何一个具体的借贷关系中，借款人的代价和贷款人的收益总是一一对应的，这就意味着利率在其中发挥着财富分配的作用，财富分配作用是利率的其他经济作用的基础。

从理论上讲，在实际利率大于零，并且还本付息有保证的前提下，利率的财富分配作用意味着财富从借款人向贷款人的净转移，即把一部分借款人的财富转变为贷款人的财富，而且利率越高，财富分配的量就越大。

（二）利率对宏观经济的调节作用

1. 聚集和积累闲散资金

聚集和积累闲散资金是利率最主要的作用。利率的存在及其作用的发挥，可以用经济的手段，将分散在社会各阶层的货币收入和再生产过程中暂时闲置的货币资金集中起来，转化为信贷资金，再通过信贷资金的分配，满足生产发展的需要，促进经济的发展。

2. 调节资金供求

利率作为重要的经济杠杆，对调节社会资金供求起着重要的作用。如果利率水平上升，一方面，对资金的需求者来说，会增加其融资成本，相应地降低了盈利水平，从而抑制了社会资金需求的增加；另一方面，对资金的供给者来说，会提高其实际收入水平，从而刺激了社会资金供给的增加。反之，如果利率水平下降，就会减少社会资金的供给量，增加社会资金的需求量。所以，中央银行可以通过调整利率水平来调节社会资金的供求，为实现宏观经济目标服务。

3. 优化产业结构和经济结构

利率作为资金的价格，会自发地引导社会资金流向利润率较高的部门和行业，从而实现社会资源的优化配置。同时，国家可以利用差别利率政策，对基础行业、重点项目和重点产品的生产和发展给予优惠利率的支持；对某些需要限制发展的长线产品的生产，适当地提高利率，用经济手段加以限制，从而实现优化产业结构和经济结构的目的。

4. 稳定货币流通

存款利率的高低会直接影响银行的存款规模，对实现社会购买力与商品可供量的平衡具有调节作用。贷款利率的高低直接影响银行的贷款规模，决定货币供应量，对币值稳定具有重要的作用。贷款利率的差别对贷款结构和产业结构有着重要的影响，而产业结构的合理化是货币正常流通的基础。利率的高低还直接影响企业的生产规模和经营状况，从而影响社会商品的供给总量和结构，对货币流通具有重要的调节作用。

5. 调控信贷规模和投资规模

贷款利率的高低与企业的收益率成反比。提高贷款利率必然使企业的利润减少，企业对投资的兴趣下降，随之引起银行信贷规模的缩减，并且当贷款利率提高到一定程度时，有可能使产业资本转化为借贷资本，以获取高额的借贷利息；反之，降低贷款利率会引起社会信贷规模的扩大。因此，贷款利率水平的高低与信贷资金总量呈反方向变化，中央银行可以通过调整贷款利率水平来调节社会信贷规模和投资规模。

6. 实现国际收支平衡

利率对国际收支平衡也具有重大的调节作用。当国际收支出现逆差时，可以提高本国的利率水平，一方面，可以阻止本国资金流向利率较高的国家或地区；另一方面，可以吸引国外资金流入本国，以获取高额利息。但是，在国际收支出现逆差并且国内经济出现衰退时，应当慎重调整利率水平，因为利率水平的提高对扭转国内经济衰退状况是很不利的，一般而言，只能通过调整利率结构来实现国际收支的平衡。当国际收支出现顺差时，可以通过降低本国的利率水平来鼓励资金外流，并限制外国游资进入本国，从而解决国际收支顺差。

第三节　信用概述

一、信用的内涵和基本要素

（一）信用的内涵

日常生活中经常讲到的“信用”一词，从不同角度有不同理解。经济学中的信用是指商品或货币的所有者（贷出者）把商品或货币的使用权暂时让渡给商品或货币的使用者（借入者），后者到期偿还并支付一定利息的价值运动形式。要准确把握信用的内涵，必须从以下三个方面来理解。

1. 信用是一种特殊的价值运动形式

商品或货币的借贷不同于一般的商品买卖关系，也不同于货币价值的赠与。在商品买卖中，卖者在卖出具有一定使用价值的商品时，取得了与自己商品等值的价值；而买者在付出一定价值时，取得了自己所需要的具有某种使用价值的商品，从而实现了等价交换。在信用交易中，商品或货币不是被卖出，而是被贷（借）出，所让渡的是商品或货币在一定时期的

使用权，其所有权不发生变更和转移，所以到期要偿还贷出者同样的商品或货币。

2. 信用是以支付利息为条件的借贷行为

信用交易的贷出者让渡商品或货币的使用权，目的是获得一定的报酬。在现代商品货币经济中，贷出货币或商品的价格表现为利息，也就是说其获得的报酬以借入者到期支付一定的利息为条件。

3. 信用是从属于商品货币关系的经济范畴

信用关系反映了社会经济组织和个人之间的一种让渡商品或货币的经济关系。信用及信用形式是随着商品货币关系的产生而产生和发展的。

信用活动与金融活动是两个既有联系又有区别的范畴。在资本主义社会以前，信用和金融虽然也有密切联系，但其主要方面是各自独立发展的。信用产生于原始社会末期，而金融是在资本主义生产条件下，在信用不断发展下才得以产生和发展的。随着信用货币取代金属货币而成为流通中货币的基本形式，任何独立于信用活动之外的货币制度已不存在，相应的信用活动也都和货币的运动结合。两者也表现为范围上的区别，广义的金融泛指一切与货币流通与资金运动有关的运动，包括货币的发行、保管、兑换和流通的调控等，在内涵上包括货币信用和股票融资，而不包括实物信用。信用包括所有的信用活动，它既包括货币信用，也包括实物信用。但在现代经济关系中，两者在一定条件下又具有同一性，信用活动即资金融通，金融活动中包含信用关系。由于在现代经济条件下，商品货币关系越来越发达，实物信用形式越来越少，同时，由于现代金融市场已经相当发达，对投资者来说，可选择的金融产品种类很多，一定程度上也淡化了实物信用的形式，因此，信用和金融这两个范畴越来越趋于相同。

（二）信用的基本要素

信用关系的成立应具备四大要素。

1. 信用主体

信用作为特定的经济交易行为，必须具有行为主体，即构成信用关系的当事人，他们通过直接或间接方式，在资金或实物融通过程中形成债权和债务关系。债权和债务关系是构成信用的第一大要素。

2. 信用标的

信用标的是指信用交易的对象。信用交易对象是指授信方的资产，它既能以货币形式存在，也能以商品形式存在。

3. 信用载体

信用载体是指授受信用双方的权利和义务的关系，表现在一定的对象物中，即信用工具，它是载明债权和债务关系的合法凭证。

4. 信用条件

信用条件是指在信用期内，债权和债务双方应相互享有和遵守的权利与义务。因为信用是一种借贷关系，所以信用条件主要是指信用的期限、利率等。信用是信用标的物的所有权和使用权暂时分离，这就需要确定一个暂时分离的期限，这是信用行为得以存在的必要条件。而利息既是债权人让渡商品或货币使用权的报酬，又是债务人获得商品或货币使用权的代价。

二、信用的产生和发展

在原始社会末期，私有制的产生促进了商品生产和交换的发展，导致社会财富占有的不均和分化，从而出现贫富差异，贫穷阶层不得不向富裕阶层借贷来维持生计，由此产生了最原始的信用形式。可见商品交换和私有制是信用产生的基础。

随着商品生产和交换的发展，在商品买卖中，由于生产周期长短不一，以及商品购销地点远近的不同等因素，商品生产者和商品购买者在出售与购买商品时存在时间及空间上的差异，为了维持正常的社会再生产，出现了商品买卖中的延期支付和赊销买卖，由此产生了信用交易。卖者因为赊销商品，成为信用交易中的债权人，而买者则成为信用交易中的债务人，到期时买者再以货币清偿债务，货币在这里不是作为流通手段，而是作为支付手段发挥作用，从而实现价值转移和债务清算。

信用产生于商品流通，但又不局限于商品流通的范围。随着商品货币经济的深入发展，货币的支付手段超出了商品流通的范围，因而与货币支付手段相联系的信用关系也就不仅仅表现为商品赊购、赊销，货币借贷的信用关系日渐显露，货币成为契约中的一般商品。一方面，一些人手中积累了货币，或者一些企业在生产流转过程中出现了闲置货币；另一方面，一些人或企业则需要货币维持生活或从事生产经营，要求通过信用形式进行货币余缺调剂。

信用在不同的社会有不同的表现形式。从信用发展的历史进程来看，信用作为商品经济的重要组成部分，既受特定的生产方式所制约，又反映着一定的生产关系并为其服务。

三、信用的基本特征和基本职能

（一）信用的基本特征

1. 暂时性

信用关系中实物或货币的所有权和使用权的分离是暂时的，具有一定的期限，到期需要偿还货币或实物，因此，这种让渡是暂时的。

2. 偿还性

实物或货币使用权的暂时让渡是以到期偿还为先决条件的，债权人贷出实物或货币资金，

要求债务人在信用关系结束时，以一定方式偿还实物或货币，这是信用的基本要求。

3. 收益性

实物或货币的转让是有机会成本的，实物或货币的暂时让渡也具有风险性，债权人在让渡实物或货币的使用权后，到期时必然有价值增值的要求。

4. 风险性

由于受经济环境、法律制度、道德规范、债务人的信誉和能力等多种因素的影响，债权人到期能否收回本息具有不确定性，因此信用活动具有一定的风险性。

（二）信用的基本职能

信用是商品经济发展到一定阶段的产物，而信用的产生和发展又极大地推动了商品经济的发展。商品经济越发达，经济对信用的依赖也就越强，信用对经济的影响也就越大，这也正是信用职能发挥作用的具体体现。

1. 信用能更有效地合理配置社会资源

在市场经济条件下，任何一个经济单位的货币收入都会出现不平衡的状况。信用是解决货币资源在某时期不平衡的有效方式。资金的需求方可以通过信用获得资金，把未来的收入转为当前使用，促进社会资源的有效使用，使原本不可能的生产成为可能。资金的所有方也可以通过信用获得投资收益，实现财富的增值。用信用方式调节社会资金资源余缺，既可以有效解决资金分配不平衡的状况，又可以提高整个社会资源配置的效益。

2. 信用能更有效地节约流通费用，提高经济效益

信用的产生大大节约了各种流通费用，加速了资金周转速度。一方面，在信用基础上产生了非现金结算，减少了现金的流通量和流通费用。另一方面，由于信用结算手段快速、灵活，加速了商品流转，缩短了商品流通的时间，减少了流通占用和流通消耗。信用的存在能够促进资金的快速成交，从而有利于提高社会资金的使用效益。

3. 信用方式是调节经济的有效手段

信用是调节国民经济的重要经济杠杆，能对国民经济的总量和结构进行有效调节。国家通过制定各种信用政策、金融法规，调节社会信贷总规模，从而调节社会货币供给总量，使货币供求保持一致。同时，国家可以利用信用杠杆及利率的变动调节信用的方向及需求结构，以实现社会产品结构、产业结构和经济结构的调整。

拓展阅读

留学趣闻：德国人先看信用记录再恋爱

有一段时间，我曾经在德国的一所学校做交流，我的德国同事丽莎是一位开朗、漂亮的女生，而且非常年轻，有不少男生追求她。

虽然有众多追求者，丽莎却一直迟迟没有定下恋爱的对象。有一天，学校里的另一位德国同事又给丽莎介绍了一位男士。据介绍，这位男士家里相当富有，属于“钻石王老五”型。在我们的怂恿和催促下，丽莎答应和对方见个面。当丽莎约会回来后，我们急切地问她怎么样，丽莎回答说，“人看上去还不错”。之后，便对介绍人说，“你抽空把他的身份证复印给我”。介绍人立即答应了。

第一次见面后就要查看对方的身份证，对此我困惑不解。也许是看出了我的困惑，丽莎主动向我解释。她说，因为只有拿到对方的身份证复印件，自己才能到银行去查他的信用记录，看他是不是一个讲诚信的人。

原来，德国人非常讲究信用，要想知道一个人是不是诚信，可以直接去银行查询。德国法律规定，只要是本国人就可以凭借自己的身份证和对方身份证的复印件，到任何一家银行去查看对方的信用记录，看看对方是不是有什么不良的信用记录，如有没有按时交款付费，是否拖欠他人财物或欠下银行债务迟迟不还。

丽莎还补充说，在德国，你不能仅凭个人感觉，从外表去判断一个人。例如，你遇到一个人，外表上看他显得很富有，很有涵养和素质，但是如果你到银行查他的信用记录，也许你会惊讶地发现：他欠了一大笔债务，穷得连水电费都不能按时缴纳。

谈恋爱居然还要先看对方的信用记录，这让我感到非常新奇。丽莎说，其实不仅仅是恋爱，甚至在谈婚论嫁前，也要看对方的信用记录。就连租房子、借钱等小事，对方也要查看你的信用记录，看看你是不是一个讲诚信的人，再决定是否要把房子租给你、把钱借给你。

资料来源：木梅．德国人恋爱前先看信用记录［EB/OL］．（2010-03-16）．http://qnck cyol. com/content/2010-03/16/content _ 3137753. htm.

第四节 信用形式

一、商业信用

（一）商业信用的概念及存在的意义

商业信用是指企业之间相互提供的与商品交易直接相联系的信用，包括商品赊销、分期付款、委托代销等。商业信用是一种较早的信用形式，并成为资本主义信用制度的基础。

在产业资本循环过程中，企业之间相互依赖，但它们在生产时间和流通时间上往往不一致，从而造成一些企业商品积压，有些企业虽急需该商品却无钱购买，因此以延期付款形式提供的商业信用随即出现。卖方可以向买方提供该商品的商业信用，使买方能够顺利地实现商品增值，卖方的利益也就可以得到实现，使整个社会的再生产得以顺利进行。另外，商业信用还与商业资本的存在和发展有直接联系。商业资本是实现生产和消费的中间环节，商业企业赚取中间差额作为利润，因此，商业企业不可能有足够的资本从工业企业那里购买全部工业品。为保证商品流通顺利进行，工业企业要向商业企业提供信用，商业信用因此得到了发展。可见商业信用是直接与商品生产和商品流通相联系的，直接为产业资本循环和商业资本循环服务。所以，商业信用是资本主义信用制度的基础。

（二）商业信用的特点

1. 主体是企业

商业信用的债权人和债务人都是企业，信用的贷出者（债权人）在商品赊销行为中是商品的卖方，信用的借入者（债务人）在商品赊销行为中是商品的买方。它们都是直接参加生产和流通并掌握着商品的企业，只要双方同意即可签订延期付款或预收货款的合同协议，手续简便，无须信用中介机构介入，就可以自发实现商品形态向货币形态的转化。所以，商业信用是一种直接信用形式。

2. 客体是商品资本

商业信用所提供的是处于社会再生产过程中的商品资本，而不是社会闲置的货币资本，具体表现为企业与企业之间，信用贷出者最后阶段的商品资本直接转化为信用借入者最初阶段的商品资本。

商业信用虽然是以商品形态提供的信用，但它们的活动包括两种性质不同的经济行为，即买卖行为和借贷行为。当一个企业把商品赊销给另一个企业时，商品的所有权发生了转移，商品的买卖行为已经完成。但由于商品的货款没有立即支付，商品的卖方成为债权人，商品的买方成为债务人，商品的买卖关系又演变成了债权债务关系，即借贷关系，但这种借贷关系及其运动还没有从社会再生产过程中独立出来。

3. 规模和产业资本动态一致

在经济繁荣时期，企业生产规模扩大，生产的商品增加，商业信用的需求和供应都随之扩大；在经济危机时期，生产萎缩，商业信用的需求和供应也随之缩减。

（三）商业信用的局限性

1. 规模和数量上的局限性

由于商业信用是企业之间相互提供的信用，因此从整个社会来看，商业信用只能在企业之间的现有资本总额中进行再分配，它的最大限度是工商企业现有资本总额的充分运用；从个别企业来看，企业所能提供的信用规模取决于它所得到的商业信用的规模或准备资本的规模。

2. 使用范围上的局限性

因为商业信用是直接信用，借贷双方只有在互相了解对方的信誉和偿债能力的基础上才可能确立信用关系，所以在使用范围上受到限制。

3. 方向上的局限性

由于商业信用的客体是商品资本，因此商业信用的产生要受到商品流转方向的限制。信用的产生只能是商品的生产者或经营者提供给该商品的需求者，即只能是上线商品向下线商品提供商业信用。例如，棉农可以向纺纱厂提供商业信用，纺纱厂可以向织布厂提供商业信用，而反过来，纺纱厂向棉农提供商业信用、织布厂向纺纱厂提供商业信用是不成立的。

4. 期限上的局限性

由于商业信用所提供的是在循环过程中的商品资本，如果不能很快地以货币形态收回，就会影响产业资本的正常循环和周转，因此，一般而言，商业信用是短期信用，对于用于扩大再生产的长期资本的筹集作用有限。

二、银行信用

（一）银行信用的概念

银行信用是指银行及其他金融机构以货币的形式提供的信用。银行信用是在商业信用发展到一定阶段的基础上，克服了商业信用的局限性而产生和发展起来的。它的产生对资本主

义商品经济发展起到了巨大的推动作用，并且已经成为整个信用制度的核心和主体。

（二）银行信用的特点

1. 主体是金融机构和社会不同的经济利益者

银行信用是一种间接信用。一方面，银行作为受信者以债务人的身份通过存款等方式向社会筹措资金；另一方面，银行作为授信者以债权人的身份通过贷款等方式向社会贷放资金。银行充当了信用中介，为全社会提供全面的信用服务，以促进商品生产和流通的扩大。

2. 客体是货币资金

银行信用的载体是单一的货币资金。一方面，银行信用能有效地聚集社会上的各种闲散资金，包括社会再生产过程中暂时游离出来的货币资本、货币所有者的货币资本，并可以把社会各阶层的货币储蓄也转化为生产资本，形成巨额的借贷资本。另一方面，银行信用是以单一的货币形态提供的，它可以向任何企业、任何机构和个人提供银行信用，从而克服了商业信用在方向和规模上的局限性。

3. 与产业资本动态的不一致性

由于银行信用所贷出的资本是独立于产业资本循环的货币资本，因此，银行信用规模和产业资本动态表现出不一致，具有一定的独立性，尤其是在经济危机时表现得更加明显。

4. 具有创造信用的功能

任何经济实体只有在先获得货币资本或商品资本的前提下才能提供信用，并且对外提供信用规模的大小要受到自身资本总量的制约，只有银行信用可以突破上述两点限制。银行不仅可以根据其自身的资金来源安排资金运用，还可以通过其资金运用创造资金来源，具有创造信用的能力。

（三）银行信用发展的趋势

由于银行信用克服了商业信用的局限性，大大拓展了信用的范围、数量和期限，可以在更大程度上满足经济发展的需要，因此成为现代信用的主要形式和核心。

20 世纪 80 年代后期以来，随着世界经济一体化步伐的加快，以及并购和重组的加剧，银行信用的发展与变化主要表现在：越来越多的借贷资本集中于少数大银行手中；银行规模越来越大；银行资本与产业资本的结合日益密切；银行信用提供的范围不断扩大；银行信用在整个社会信用关系中，不管是金额还是范围都占据绝对优势。

银行信用虽然在诸多方面都优于商业信用，更适应社会化大生产的需要，但还不能取代商业信用。因为商业信用直接与商品生产和流通相联系，在商业信用可能解决的范围内，企业间可以直接利用商业信用实现融资，然后通过银行信用方式，把商业信用纳入银行信用的范畴。所以，在信用体系中，商业信用是信用制度的基础，银行信用是信用制度的主导与核心。

三、国家信用

（一）国家信用的概念

国家信用是指以国家或政府为主体的借贷活动。在现代社会中，国家信用主要是指国家或政府的负债。国家以债务人的身份取得信用，可分为国家的对内负债和国家的对外负债。对内负债是指国家以债务人身份向国内的居民、企业、团体等取得的信用，它形成国家的内债。对外负债是指国家以债务人身份向国外的居民、企业、团体、政府和国际金融组织等取得的信用，它形成国家的外债。

国家信用不是在商品生产和交换的基础上产生的，而是为了满足国家财政分配的需要而产生的。国家举债的目的一般是弥补财政赤字或实施重点建设项目。因此，国家信用又是一种由信用分配转化为财政分配的特殊信用方式。

（二）国家信用的基本形式

1. 内债

内债的基本形式主要有三种。一是发行政府公债。这是国家为了弥补财政赤字或实施国家重点建设项目而发行的中长期政府债券，是内债的主要形式。二是发行国库券。这是为了应对国家短期预算支出需要而发行的一种短期政府公债，期限一般在 1 年以上。三是向中央银行借款或透支，即政府向本国中央银行实现短期的资金融通。

2. 外债

外债的基本形式主要有两种。一是发行国际债券。政府在国际金融市场上，通过发行中长期国际债券筹措建设资金，这是目前政府对外举债比较流行的形式。二是政府向外借款。政府向外借款主要包括向外国政府借款、向国际金融机构借款、向国外商业银行借款以及出口信贷等形式。

（三）国家信用的作用

1. 国家弥补财政赤字的主要途径

国家财政部门通过一定手段解决财政收支不平衡的状况，通常有三种方法可供选择，即增加税收、向中央银行借款或透支、发行国债。增加税收无非提高税率或增加税种，但都会造成企业和城乡居民的负担，同时要受到本国立法程序的制约。向中央银行借款或透支，会使货币的供应量超过实际需要量，引起物价上涨和通货膨胀。所以，世界上大多数国家通过发行国债（政府公债和国库券）的方法来保持财政收支的平衡。

2. 国家筹措建设资金、优化资源配置的重要手段

国家利用信用的经济功能，将社会闲置的货币资金集中起来，用于国家的重点项目和基础设施的建设，保证社会经济的可持续发展。

3. 宏观经济调控的重要方式

国家可以利用信用的经济功能，合理地调节市场货币流通量。当市场货币流通量超过实际需要量，引起物价上涨、通货膨胀时，国家通过发行国债，吸收市场过多的货币，以推迟货币购买力的实现；反之，则可以通过公开市场业务回购国债，向市场注入新的货币，从而实现市场货币的供求均衡。

四、消费信用

（一）消费信用的概念

消费信用是由工商企业、商业银行和其他金融机构以商品或货币的形式向消费者个人提供的一种信用。消费信用的产生旨在解决消费者个人支付能力不足的困难，通过提供消费信用使消费者的需求提前满足，达到推销商品、促进生产的目的。

（二）消费信用的形式

随着金融新产品的开发，消费信用的形式也在不断地发展和变化，但概括起来主要有以下几种形式。

1. 分期付款

分期付款是向消费者提供的以购买高档耐用消费品为主的中长期消费信用，这是一种最常见的形式。消费者购买高档耐用消费品时，在支付一定数额的首付款后，与卖方签订分期支付剩余货款和利息的合同，按月（或年）支付剩余货款和利息，消费者按合同分期付清本息后，商品的所有权由卖方转移给消费者。

2. 信用卡消费

信用卡消费是由银行和商业企业共同向消费者提供的消费信用形式。信用卡信用是一种延期付款的短期信用。消费者可以凭信用卡在约定单位购买商品或支付劳务，销售单位定期与银行结账。消费者还可以利用信用卡在规定额度内向银行透支现金。

3. 消费信贷

消费信贷是指银行和非银行金融机构采用信用放款或抵押放款的方式，向消费者提供主要用于购买高档耐用消费品的信用方式。消费信用是一种中长期信用，它的还款方式主要有到期一次偿还本息和分期偿还本息两种。

五、国际信用

（一）国际信用的概念

国际信用是指各国银行、企业、政府之间相互提供的信用以及国际金融机构向各国政府、银行、企业提供的信用，反映了国际的相互借贷关系。在国际信用中，授信国往往通过借贷资本的输出来带动本国商品的出口，从而实现利润；而受信国往往想利用国际信用，购买所需的设备、技术和商品，提高本国生产设备的科技含量，从而促进本国经济的发展。

（二）国际信用的形式

1. 出口信贷

出口信贷是指出口国政府为了扩大本国商品的出口，而对本国出口商或外国进口商（或银行）提供一种优惠利率的出口贷款。出口信贷的利率比国际商业贷款的利率低，一般由出口国政府财政给予利差补贴。比较常见的出口信贷有出口卖方信贷、出口买方信贷等。

2. 国际商业贷款

国际商业贷款是指本国银行或企业从国外商业银行或银团取得的直接贷款。它的优点是贷款金额较大，使用自由，手续较为简便；缺点是利率相对较高并且实行浮动，期限相对较短。

3. 政府贷款

政府贷款是指本国政府从外国政府取得的具有援助性质的贷款。这种贷款利率比较优惠，期限较长，但这种贷款往往要附加一些经济或政治条件，而且贷款金额相对较小，手续烦琐。

4. 国际金融机构贷款

国际金融机构贷款是指国际金融机构的会员国从国际金融机构中获得的贷款。国际金融机构是指全球性的国际金融机构和区域性的国际金融机构。这种贷款的利率比较优惠，期限较长，但这种贷款一般具有特定的用途，其贷款金额也要受到会员国在该国际金融机构中所认缴基金的份额的限制。

5. 补偿贸易

补偿贸易是指设备出口国企业以赊销商品的方式向进口国企业提供机器设备，并以该项目投产后的产品或利润来清偿货款的一种信用方式，其实质是一种国际商业信用。补偿贸易从 20 世纪 70 年代开始流行起来，被发展中国家广泛采用，它包括产品的回购和互购等形式。

6. 国际债券

国际债券是指本国政府、金融机构或企业在国际债券市场上发行以外国货币表示的债券，从而实现筹资目的的一种信用方式。这种信用方式在筹资金额、期限、利率和偿还方式等方面都具有较大的灵活性和主动性，所以被许多国家和企业接受和采用。

7. 国际租赁

国际租赁是一种国际融资与融物相结合的信用方式，一般是租赁公司出资购买设备，租赁给客户使用，承租者向出租者定期支付租金的信用行为。比较常见的国际租赁形式有经营租赁、金融租赁、维修租赁、转租赁和返租赁等。

六、民间信用

（一）民间信用的概念

民间信用是指个人之间以货币或实物的形式相互提供的信用，又称为个人信用。个人信用在我国已经有几千年的历史。随着个体经济、私有经济的不断发展和壮大，目前，个人信用已经从单纯的生活消费领域转向生产经营领域，并有逐步发展和形成规模的态势。

（二）民间信用的特点

（1）信用主体一般是个体经营者和家庭个人消费者。

（2）信用客体逐步由以实物为主转向以货币资金为主。

（3）资金用途由生活消费逐步转向生活消费和生产消费并重。

（4）利率一般要高于银行同期贷款利率。

民间信用作为我国信用形式的补充，利弊并存，应加以正确引导。

思考练习

1. 决定和影响利率的因素有哪些？

2. 名义利率与实际利率的关系是什么？

3. 利率功能的发挥必须具备哪些条件？

4. 简述信用的基本特征与基本职能。

5. 商业信用与银行信用的主要区别有哪些？

6. 甲是生产焦炭的企业，乙是生产钢材的企业，如果甲企业把焦炭赊销给乙企业，乙企业开具一张商业票据给甲企业。甲企业和乙企业之间存在信用关系吗？是什么信用形式呢？这种信用形式有什么特点？

7. 小李为了买房，向银行贷款100万元，这种信用属于哪种信用形式？在该信用活动中，各种信用要素分别是什么？

8. 假如张先生有10万元，年利率为3%，请分别采用单利和复利计算方法，计算他应支付的利息。

9. 白领李小加打算明年结婚，在某城市市区通过按揭贷款买了套100平方米的住房，平价为每平方米2万元，房款总额为200万元，假设首付五成，按揭年数20年。请通过网络房贷计算器查一查，在当前贷款利率水平下，如果按照等额本息法偿还，李小加每个月要还款多少？如果加息1%，每个月要多还多少钱？

第三章

商业银行

学习目标

了解商业银行的产生和发展过程。

掌握商业银行的性质和职能。

掌握商业银行的业务性质、业务范围。

掌握商业银行的经营管理原则。

能够理解商业银行产生的必然性。

能够识别商业银行的业务运作过程。

能够理解商业银行在经济活动中的社会职责。

能够初步分析商业银行的经营管理活动。

包商银行二级资本债本金全额减记

根据《商业银行资本管理办法（试行）》等规定，中国人民银行、中国银行保险监督管理委员会（2023年在其基础上组建了国家金融监督管理总局，不再保留该机构）认定包商银行已经发生“无法生存触发事件”，于是包商银行在接到《关于认定包商银行发生无法生存触发事件的通知》后，于2020年11月13日发布公告表示“2015年包商银行股份有限公司二级资本债券”（以下简称“2015包行二级债”）本金将实施全额减记，累积应付利息5.856亿元不再支付。

“2015包行二级债”是包商银行于2015年12月25日发行的，规模为65亿元，票面竞标利率为4.8%，清偿顺序在包商银行存款人和一般债权人之后，股权资本、其他一级资本工具和混合资本债券之前。此二级债发行时设计有减记条款，即在无法生存触发事件发生时，包商银行有权在无须获得债券持有人同意的情况下对本期债券以及已发行其他一级资本工具的本金进行全额减记，二级债的投资者将血本无归。

对于个人存款来说，根据《存款保险条例》的规定，银行破产，储户最高可获赔付50万元。按照包商银行的清偿顺序，包商银行对于个人存款百分百进行清偿，即对于包商银行的个人储户没有上限赔偿50万元的限制，将进行全额赔偿。

【思考】

（1）什么是商业银行？我国的哪些机构负责监管商业银行？

（2）设立商业银行需要达到什么条件？

（3）商业银行的一级资本和二级资本分别有哪些？

（4）商业银行有哪些业务类型？

第一节　商业银行概述

一、商业银行的定义

商业银行是指以多种金融资产和金融负债为主要经营对象，以获取利润为经营目标，为客户提供多种金融服务的金融企业。商业银行在各类金融机构中的历史最为悠久，业务范围最为广泛，对社会经济生活影响面最大。商业银行是唯一能吸收活期存款，具有派生存款创造能力的特殊金融企业，是金融机构体系的主体。

商业银行的名称源于早期资本主义银行的经营特征。最初，以英格兰银行为代表的商业银行是由商人集资入股创办的股份制性质的金融组织，经营业务主要是为商业企业提供金融服务。因为商业企业具有营销快、资金流转迅速的特点，所以商业银行的资金来源主要是吸收短期商业存款，资金运用主要是发放短期商业贷款。因此，人们把这类银行称为商业银行。随着商品经济的发展，商业银行的经营业务已远远超出传统的经营范围。在资金来源方面，商业银行既有短期性资金，也有长期性资金；在资金运用方面，商业银行既有各种贷款，又有证券投资、黄金买卖等业务，同时还有许多中间业务和表外业务。现今，世界各国仍将这类功能多、经营业务全面的金融机构称为商业银行。

二、商业银行的产生和发展趋势

（一）早期商业银行的产生

西方商业银行的原始状态可以追溯到古巴比伦王国时期。早在公元前 16 世纪，在巴比伦就有一家“里吉比”银行。考古学家在阿拉伯大沙漠发现的石碑证明，在公元前 2000 年以前，古巴比伦的寺院对外放款，而且放款采用由债务人开具类似本票的文书交由寺院收执的方式，这种文书还可以转让。公元前 4 世纪，希腊的寺院、公共团体、私人商号也从事各种金融活动，但这种金融活动只限于货币兑换性质，还没有办理放款业务。罗马也有类似希腊银行业的机构出现，但较希腊银行业有所进步，它不仅经营货币兑换业务，还经营放贷、信托等业务，同时对银行业的管理和监督订有明确的法律条文。罗马银行业所经营的业务虽不属于信用放贷，但已经具有近代银行业务的雏形。人们公认的早期银行的萌芽，起源于文艺复兴时期的意大利。“银行”一词的英文“Bank”，是由意大利文“Banco”演变而来的。

据考证，早在 12 世纪，意大利就出现了事实上的银行，但在历史上首先以“银行”为名和具有典型银行意义的是 1580 年建立的威尼斯银行。早期银行业的产生与国际贸易的发展有着密切的联系。中世纪的欧洲地中海沿岸各国，尤其是意大利的威尼斯、热那亚等城市是著名的国际贸易中心，商贾云集，市场繁荣。但是，由于当时社会的货币制度混乱，各国商人所携带的铸币形状、成色、重量各不相同，为了适应贸易发展的需要，必须进行货币兑换。为了顺利地进行商品交换，各国商人需要把各自携带的大量各地货币兑换成当地货币，于是就出现了专门从事货币兑换业务的货币兑换商。随着商品经济的发展，货币兑换商收付货币的规模不断扩大，各地商人为了避免因长途携带大量金属货币而带来的不便和危险，便将没用完的货币委托给货币兑换商保管，后来又发展到委托货币兑换商办理货币支付和汇兑。这样，简单的货币兑换业就开始演变成了货币经营业了。货币经营者借此汇集了大量货币资金，而后他们发现其所保管的资金余额其实是相当稳定的，可以用来发放贷款，获取高额利息收

入。货币经营者便从原来被动地为客户保管货币转而变为积极主动地揽取货币保管业务，通过逐渐降低保管费吸收更多的货币资金；同时，货币经营者不再收取保管费，而是给委托保管货币的顾客一定的好处。这时，货币保管业务就演变为存款业务，而货币经营业也就演变为存款、贷款、汇兑、结算等业务集于一身的早期银行。

在英国，早期的银行业是通过金匠业发展而来的。17 世纪中叶，英国的金匠业极为发达，人们为了防止金银被盗，将金银委托给金匠保存。当时，金匠们不仅代人保管金银，签发保管凭条，还可按顾客的书面要求将金银划拨给第三者。金匠们还利用自有资本发放贷款，以获取利息。同时，金匠们签发的凭条可以代替现金流通于市场，被称为“金匠券”，是最早的近代银行券。这样，英国的早期银行就在金匠业的基础上产生了。此时，银行业的放款对象主要是政府和封建贵族，年利率平均为 20%～30%，其提供的信用不利于社会化再生产过程。英国是最早设立现代股份制银行的国家。1694 年，英国政府为了维护发展工商业的需要，决定成立一家股份制银行——英格兰银行，并且规定英格兰银行向工商企业发放低利率（5%～6%）贷款，以支持工商业发展。由于英格兰银行募集股份资本高达 120 万英镑，实力十分雄厚，很快就在信用领域内形成垄断地位。英格兰银行的组建模式很快被推广到欧洲其他国家。从此，现代商业银行开始在世界范围内得到普及。

我国早在 11 世纪就出现了“银行”一词。当时，人们习惯将各类从事商业活动或小商品生产的机构称为“行”，即行业、行当之意，于是从事银器铸造与买卖的行业便称为“银行”。鸦片战争之后，外国金融机构开始进入我国，由于我国长期以来使用白银作为货币材料，故人们将当时从事货币存放等信用业务的外国金融机构“Bank”称为“银行”。

（二）商业银行的发展趋势

20 世纪 90 年代以来，随着经济全球化浪潮的到来，以及以信息技术为核心的现代高科技的迅猛发展，现代商业银行的发展呈现出以下趋势。

1. 银行经营智能化

银行经营智能化是指以电子化方式自动处理日常业务，包括电子计算机、数据库、网络通信、电子自动化金融工具和商业结算机构联网组成的电子银行业务处理系统。一切可程序化的业务都可以并不断地以创新的形式纳入电子化处理和服务体系中。

2. 经营方式网络化

网络银行利用国际互联网，一方面为顾客提供开销户、查询、支付、转账、索取对账单、支付支票、个人理财、信用卡等业务，另一方面为自己发布消息、搜集信息、创新产品提供便利。它能够为客户提供超越时空的“3A”式服务，即任何时间（Anytime）、任何地方（Anywhere）、任何方式（Anyhow）。随着经济社会的发展，网络银行的利润占银行业总利润的比率将越来越大。

3. 机构网点虚拟化

随着银行业务处理的自动化、电子化和网络化，一大批虚拟化的金融服务机构逐渐取代人工，成为银行前台服务的主要形式。这就导致传统的银行网点朝两个方向发生变化，即无人化和无形化。

4. 业务综合化和全能化

业务综合化和全能化主要是指商业银行在传统的存、放、汇业务方面实行了多样化经营。在金融电子化和金融产品创新的推动下，传统商业银行正迅速向综合服务机构转变，业务服务范围扩展至社会生活的各个领域。在商业银行与其他金融机构进行合并、兼并或收购控股的条件下，商业银行逐渐发展成为集银行、证券、投资、保险等业务于一体的金融集团，真正成为无所不能的“金融百货公司”。

5. 金融活动全球化

金融活动全球化是经济全球化的组成部分，使资金在全球范围内流动，体现了金融机构的跨国经营、金融市场的全球联动、金融产品的全球运用和货币的全球一体化趋势。可以预见，在不久的将来，全球银行业可以通过互联网的公共商务系统实现联网，从而实现商业银行的全球化服务。

三、商业银行的组织形式

目前，世界各国商业银行的组织形式主要有四种类型。

（一）单一银行制

单一银行制又叫独家银行制，是指银行业务只由各自独立的银行机构经营而不设立分支机构的银行制度。单一银行制的典型代表是美国。美国曾实行完全的单一银行制，不允许银行跨州经营和设立分支机构。

在西方发达国家中，美国的商业银行曾采用这种银行制度，通过一个网点提供所有的金融服务。由于美国是各州独立性较强的联邦制国家，在历史上各州的经济发展很不均衡，东西部发展差距较大，为了适应经济均衡发展的需要，特别是适应中小企业发展的需要，反对金融权力的集中，反对银行吞并以及在各州的相互渗透，各州都立法禁止或限制商业银行开设分支机构，尤其是跨州设立分支机构。美国现有商业银行中绝大多数是规模比较小的商业银行。但随着经济的发展及地区经济联系加强，加上金融业竞争的加剧，开设分支机构的限制已有所放松。1994 年，美国国会取消了限制跨州建立支行的规定。

1. 单一银行制的优点

（1）银行在各自区域内独立经营，符合自由竞争的原则。单一银行制下银行数量众多，可以维持竞争局面以防止垄断的产生。

（2）银行可以根据实际需要设立，由本地人经营，因而吸收本地资金比较容易，有利于促进地方经济的发展。

（3）银行的经营规模小，组织比较严密，易于管理。

2. 单一银行制的缺点

单一银行制也有明显的缺点。

（1）银行不设立分支机构，这与经济的外向发展和商品交换范围的扩大存在矛盾。同时，在计算机和网络应用如此普及的情况下，其业务发展和金融创新受到限制。

（2）银行业务主要集中于某一地区或某一行业，易受经济发展状况波动的影响，风险集中。

（3）银行规模较小，不便于取得规模经济效益。

（二）总分行制

总分行制又叫分支行制，是指在总行之下在本地或外地设立若干分支机构的银行制度。商业银行的总行一般设在各大中心城市，分支行统一由总行领导指挥。这种银行制度源于英国的股份制银行。按总行职能的不同，总分行制又可分为总行制和总管理处制。总行制是指总行除管理和控制各分支行外，本身也对外营业。总管理处制是指总行只负责控制各分支行，不对外营业，总行所在地另外设立对外营业的分支行或营业部。

由于总分行制更符合经济发展的客观要求，因而成为当代商业银行的主要组织形式。目前，世界各国一般采用这一银行制度，尤以英国、德国、日本等最为典型。我国的商业银行绝大部分也采取总分行制。

1. 总分行制的优点

（1）以总行为中心，分支机构遍布各地，有利于吸收存款、调剂转移资金、提高资金的使用效益；由于贷款和投资范围广泛，风险易于分散，提高了银行经营的安全性。

（2）经营规模较大，服务范围广，易取得经济效益，相对降低了单位业务的成本。

（3）内部工作可以实行高度的分工，有利于培养专业化人才，从而提高工作效率。

（4）有利于采用现代化设备，提供方便的金融服务。

（5）商业银行总数较少，便于金融当局的宏观管理。

2. 总分行制的缺点

（1）容易造成金融垄断，妨碍竞争。

（2）从银行内部管理角度看，由于分支机构多，总行统一管理难度较大。

（3）在对企业的资金支持方面，因为总行的政策易倾向于城市里规模较大的企业，所以不利于地方经济的发展。

（三）银行持股公司制

银行持股公司制是指由某一集团成立股权公司，再由该公司控制或收购若干银行的组织形式。被收购银行的业务和经营决策权由股权公司控制。

银行持股公司于20世纪初开始出现。当时在联邦德国，银行可办理一切业务，业务已经综合化，银行往往以参股形式直接控制企业；政府允许银行持有企业的股票，所以有的银行从企业开办、募股、发行债券到经营，均参与其中并提供贷款。为了提高银行的竞争力，美国的银行持股公司也迅速发展起来。起初，银行持股公司本身不从事商品生产或销售业务，主要通过发行股票或公司债券的方式组织货币资本，再用以购买其他公司的股票。之后，其业务范围逐渐扩大，包括办理投资、信托、租赁等业务。目前，美国大部分商业银行资产隶属于银行持股公司。

银行持股公司在美国迅速发展的原因主要有如下两点。

(1) 银行持股公司可避开各州立法中不允许银行跨州设立银行分支机构的限制。

(2) 银行持股公司可避开银行法对商业银行经营业务上的限制，扩大经营范围，办理商业银行不能或不便经营的投资、信托、租赁等业务，使银行能够间接运营非银行的业务领域，以追求更高的利润。银行持股公司还能够以原来不允许银行本身使用的办法为银行筹集资金，如发行商业票据等。

(四) 连锁银行制

连锁银行制是指由某一个人或某一集团购买若干家独立银行的多数股份，以控制这些银行的经营决策的组织形式。连锁制的成员银行都保持其独立性。连锁银行制曾盛行于美国中西部，是为了弥补单一银行制的缺点而发展起来的。连锁银行制一般是围绕一个地区的大银行组织起来的，几个银行的董事会由一批人组成，以这个组织中的大银行为中心，形成集团内部的各种联合。连锁银行制与银行持股公司制的作用相同，差别在于连锁银行制没有股权公司的存在形式，无须成立控股公司。由于受某一个人或某一集团控制，不易获得银行所需的大量资本，许多连锁制银行相继转为银行分支机构或组成控股公司。

拓展阅读

美国花旗集团的产生

1998年，美国花旗集团的诞生在美国本土开创了全能化金融服务的先河，从根本上动摇了传统的金融分业体制。花旗集团的实践表明，大型金融集团公司的全能化与综合化是世界经济与国际金融体制一体化的必然趋势，是提高国际竞争力的客观现实需要。

首先，花旗公司成立。美国银行法规定，商业银行不允许购买股票，不允许经营非银行业务，对分支行的开设也有严格的限制。为了避开法律的制约，花旗银行于1968年在美国特拉华州成立了单一银行控股公司，以其作为花旗银行的母公司。它把自己的股票换成其控股公司——花旗公司（Citicorp）的股票，而花旗公司资产的99%是花旗银行的资产。花旗公司当时拥有13家子公司，能提供多元化的金融服务，如商业银行、证券

业务、投资管理、信托服务、保险业务、融资租赁、商业结算等。花旗公司与花旗银行的董事会成员是同一套人马，公司和银行是一个班子、两块牌子。这样，花旗银行（见图 3-1）通过花旗公司这块招牌扩大了其经营和投资的范围。

图 3-1 花旗银行

然后，花旗集团成立。英国与日本分别在 1986 年与 1998 年进行了“大爆炸”式的金融改革，突破了传统分业管理的模式，实行了全能银行体制。相反，美国的银行业受制于其法律约束，处境维艰，只能在欧洲、日本大型全能银行集团的攻势下节节败退。为了在国际金融市场上与欧洲、日本的大型全能银行集团展开竞争，1998 年 4 月 6 日，花旗公司与旅行者集团宣布合并。合并组成的新公司称为“花旗集团”，其商标为旅行者集团的红雨伞。合并后，花旗集团的总资产达到 7 000 亿美元，净收入为 500 亿美元，股票市值超过 1 400 亿美元，业务遍及 100 多个国家的 1 亿多客户，成为当时世界上规模最大的全能金融集团公司之一。花旗公司与旅行者集团的合并成为美国当时最大的一起企业兼并案。花旗集团集银行、证券、保险、信托、基金、租赁等全方位的金融业务于一体。客户到任何一个花旗集团的营业点都可以得到储蓄、信贷、证券、保险、信托、基金、财务咨询、资产管理等“一条龙”式的金融服务。

第二节　商业银行的性质与职能

一、商业银行的性质

商业银行是企业，它和一般的工商企业一样，是社会经济的一个重要组成部分。商业银行必须具有从事业务经营所必需的自有资本，并根据自身行业的特点，依法经营，照章纳税，自负盈亏，把利润最大化作为自己的经营目标。获取最大限度的利润是商业银行产生和发展的基本前提，也是商业银行经营的内在动力。从这方面来看，商业银行与一般工商企业没有本质的区别。但是，商业银行是特殊的金融企业，是以追逐利润为目标，以金融资产和金融负债为经营对象，具有综合性、多功能特征的金融企业。它的特殊性主要表现如下。

（1）商业银行的经营对象具有特殊性。一般工商企业经营对象是具有一定使用价值的商品，从事商品的生产或流通；而商业银行是以金融资产和金融负债为经营对象，经营的是货币和货币资本这种特殊的商品，其经营内容包括货币收付、借贷以及各种与货币流通有关的或者与之联系的金融服务。

（2）商业银行对整个社会经济的影响和受社会经济的影响具有特殊性。商业银行对整个社会经济的影响要远远大于任何一个工商企业；同时，商业银行受整个社会经济的影响也远大于任何一个工商企业所受的影响。

（3）商业银行责任的特殊性。一般工商企业只以盈利为目标，只对股东和使用自己产品的客户负责；而商业银行除了对股东和客户负责之外，还必须对整个社会负责。它有义务配合国家的货币政策和财政政策，共同维护社会经济的持续、健康、稳定发展。

从商业银行作为金融企业的特殊性来看，它与国家的中央银行、专业银行（指西方指定专门经营范围和提供专门性金融服务的银行）和其他金融机构相比有所不同。中央银行是国家的金融管理当局和金融体系的核心，具有较高的独立性，它不对客户办理具体的信贷业务，不以营利为目的。专业银行和其他金融机构只限于办理某一方面或几种特定的金融业务，业务经营具有明显的局限性。商业银行的业务经营则具有很强的广泛性和综合性，它的经营范围从经营金融“零售”业务到经营“批发”业务，为顾客提供大量的金融服务；其业务触角已延伸至社会经济生活的各个角落，变成了名副其实的“金融百货公司”。随着一些国家金融监管的放松，专业银行和其他金融机构的业务范围也有扩大的趋势，但与商业银行相比，差距仍然很大。商业银行在其特有的经营优势上，业务扩张更快，发展更迅速。

二、商业银行的职能

商业银行的职能是由商业银行的性质决定的。商业银行作为一个国家经济中最重要的金融中介机构，其职能表现在以下几个方面。

（一）信用中介职能

信用中介职能是商业银行最基本、最能反映其经营活动特征的职能。这一职能的实质是通过商业银行的负债业务（如吸收存款），把社会上各种闲散资金集中到银行，再通过商业银行的资产业务（如放款），将资金投向社会经济各部门。商业银行作为货币资本贷出者和借入者实现了货币资本的融通；商业银行通过信用中介职能实现了资本盈余与短缺之间的调剂，但并不改变货币资本的所有权，改变的只是其使用权。

（二）支付中介职能

支付中介职能是指商业银行以存款账户为基础，为客户办理货币结算、转移存款、货币兑换、收付货币的行为。从历史的角度来看，货币支付和货币汇兑以货币的兑换收付、货币的保管为前提，而存贷款业务是上述业务的延伸与发展，因而，商业银行支付中介职能的产生要早于信用中介职能。支付中介职能也是商业银行最基本的职能之一。通过这一职能，商业银行成为工商企业、社会团体和个人的货币保管者、出纳员和支付代理人，也因此成为经济过程中的支付链条和债权债务关系的中心。

（三）信用创造职能

信用创造职能是指商业银行所具有的创造信用流通工具并扩大放款和投资的能力。信用创造是商业银行的主要职能之一，也是区别于其他金融机构的一个特点。在现代部分准备金制度下，商业银行利用其吸收的存款，以活期存款的方式发放贷款；在这些存款没有完全取走的情况下，它成为银行新的资金来源，银行又可据此发放贷款。如果借款人以转账形式支取，它又会成为另一家银行的资金来源，银行在缴足法定准备金之后，又可据此发放贷款，形成新的存款。如此继续下去，最后整个银行体系就会形成数倍于原始存款的派生存款。在不断地创造派生存款的过程中，商业银行发挥着信用创造职能。商业银行不能无限制地创造货币，也不能凭空创造货币，它要受多种因素的制约。例如，货币创造的限度取决于原始存款的规模；有贷款才有派生存款，如果没有足够的贷款需求，存款贷不出去，就谈不上货币创造。

（四）金融服务职能

金融服务职能是指商业银行利用自身资源为顾客提供的多方面的金融服务。随着金融业的不断发展，银行间的业务竞争更为激烈，商业银行涉及面广，信息较为灵通，特别是计算机在银行业务中的广泛应用，使银行具备了为顾客提供多种金融服务的条件。这些金融服务包括：为企业的经营决策提供咨询服务；代企业进行其自身的货币业务，如银行代替企业发放工资、代理支付其他费用等；提供各种信托业务、经纪人业务、租赁业务、国际业务等。商业银行通过提供金融服务既提高了信息与信息技术的利用价值，加强了银行与社会的联系，也为银行增加了很多业务收入，提高了银行的盈利水平。而且，随着信息技术日新月异的发展，商业银行金融服务功能将发挥越来越大的作用，并对社会经济生活产生更加广泛而深远的影响。

（五）调节经济职能

调节经济职能是指商业银行通过其信用中介活动，调节社会各部门的资金余缺的功能。在中央银行货币政策的指引下，商业银行能够通过资金量的变化调节投资与消费比例关系，引导资金流向，实现产业结构调整，发挥消费对生产的引导作用。商业银行还可以通过在国际市场上的融资活动来调节本国的国际收支变化。

三、商业银行经营原则

（一）安全性原则

安全性是指商业银行资产负债及所有业务免遭损失的可能性。由于银行业是一个风险高度集中的行业，商业银行应努力避免各种不确定因素对它的影响，保证商业银行的稳健经营和发展。安全性是银行在其经营活动中首先要考虑的一个问题，坚持安全性原则，也是商业银行业务经营的特殊性所决定的，是商业银行业务经营与管理的内在要求。

首先，商业银行作为特殊企业，自有资本较少，经受不起较大的损失。商业银行是以货币为经营对象的信用中介机构，不直接从事物质产品和劳务的生产流通活动，不可能直接获得产业利润。如果商业银行不利用较多的负债来支持自己运作，那么商业银行的资金利润率就会大大低于工商企业利润率。其次，商业银行经营条件特殊，尤其需要强调它的安全性。对于商业银行来说，对居民的负债是有硬性约束的，既有利息支出方面的约束，也有到期还本的约束。如果商业银行不能保证安全经营，则到期按时收回本息的可靠性将非常低，最严重的情况很可能导致商业银行倒闭。在现代信用经济条件下，商业银行是参与货币创造过程的一个非常重要的媒介部门，如果因商业银行失去安全性而导致整个银行体系混乱，则会损伤整个宏观经济的正常运转。

（二）流动性原则

流动性是指商业银行能够随时应对顾客提现和满足各种合理资产支付需求的能力。商业

银行的流动性包括资产和负债两个方面的流动性。资产的流动性是指资产能够在不发生损失的条件下迅速变现的能力，负债的流动性是指商业银行能够以较低的成本随时获得所需资金的能力。商业银行是典型的负债经营，资金来源的主体部分是顾客的存款和借入款。存款是以能够按时提取和随时为顾客开出支票支付为前提的，借入款是要按期归还或随时兑付的。资金来源流动性这一属性，决定了资金运用即资产必须保持相应的流动性。

（三）盈利性原则

盈利性是指商业银行获得利润的能力，是商业银行经营管理活动的最主要动力。商业银行作为经营性的企业，获取利润既是其最终的目标，又是其生存的必要条件。商业银行盈利水平的高低是其经营管理状况的综合反映。盈利性不仅反映了商业银行现行战略与策略的正确性，更重要的是为商业银行的进一步发展打下了良好的基础。银行盈利多少，不仅关系到银行股东的利益，而且关系到商业银行的生存和发展。商业银行的一切经营活动，包括如何设立分支机构、开发何种新的金融产品、提供何种金融服务、建立什么样的资产组合等都要围绕盈利这一目标展开。

（四）“三性”原则的关系

实现盈利是企业生存发展的必要条件，商业银行作为企业来说，首要目标是获得盈利。但作为一个经营货币信用的特殊企业，商业银行在实现这个目标的过程中又要受到流动性与安全性的制约，若忽视这两者，单纯追求盈利性，则商业银行的经营必然陷入混乱。因此，现代商业银行在追求盈利性目标的同时，必须兼顾安全性和流动性。其中，安全性是前提，只有保证了资金安全无损，才能获得正常盈利；流动性是条件，只有保证了资金正常流动，才能确立信用中介的地位，银行各项业务活动也才能顺利进行；盈利性是目的，之所以要保持资金安全性和流动性，目的就是获得盈利。另外，这“三性”原则之间又存在着矛盾。富有流动性、较安全的资产，一般来说盈利性也较低；而盈利性较高的资产，往往安全性和流动性都比较差。所以，要提高资金的安全性和流动性，往往会削弱其盈利性；而要提高盈利性，安全性和流动性必然受到影响。因此，商业银行经营管理的核心就是协调处理这三者之间的关系，使安全性、流动性和盈利性达到最佳组合。

第三节 商业银行的主要业务

商业银行的业务一般可分为负债业务、资产业务、中间业务三大类。负债业务和资产业务是商业银行的信用业务，也是商业银行的主要业务；中间业务是负债业务和资产业务的派生业务，是银行经营活动的重要内容，也是极具发展潜力的业务。商业银行业务如图 3-2 所示。

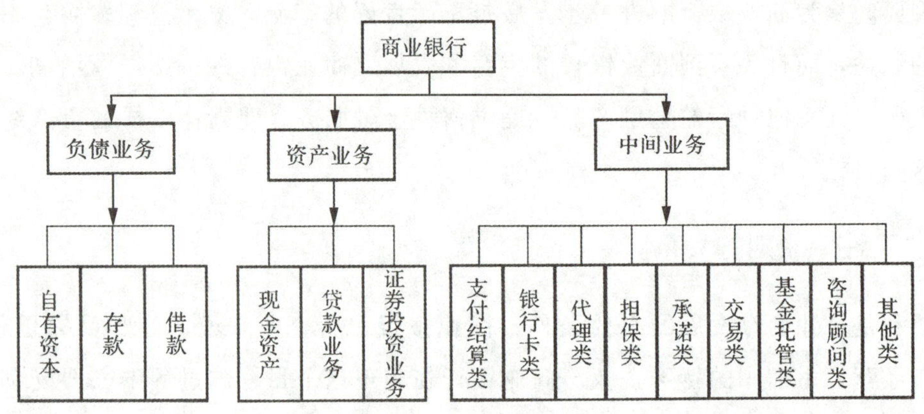

图 3-2 商业银行业务

一、商业银行的负债业务

商业银行的负债业务是指形成商业银行资金来源的业务，它决定着商业银行资产业务以及中间业务的开展。因此，负债业务是商业银行最基础、最主要的业务。从广义的角度看，商业银行的负债业务包括自有资本、存款和借款三项业务。

（一）自有资本

自有资本即资本金，是银行吸收外来资金的基础，国际上通常定义为银行股东为赚取利润而投入银行的货币和保留在银行中的收益。

《巴塞尔协议》明确规定，商业银行的资本分为核心资本和附属资本。

1. 核心资本

核心资本是银行资本中最重要的组成部分，应占银行全部资本的 50%以上。这部分资本的价值相对稳定，是各国银行唯一相同的成分，对银行盈利差别和竞争能力影响极大，是判断资本充足率的基础。核心资本主要由以下两部分组成。

（1）实收资本。实收资本是指已发行并完全缴足的普通股和永久性非累积优先股，这是永久的股东权益。

（2）公开储备。公开储备是指以公开的形式，通过保留盈余或其他盈余，反映在资产负债表上的储备，包括股票发行溢价、保留利润、普通准备金和法定准备金的增值等。

2. **附属资本**

附属资本也叫作二级资本，是银行的债务资本，具体包括以下五项。

（1）未公开储备。未公开储备又称为隐蔽储备，是指虽未公开，但已经被银行监管机构所接受的储备。因未公开储备缺乏透明度，许多国家不承认其作为可接受的会计概念，也不承认其作为资本的合法成分，所以它不是核心资本的股本成分。在监管机构接受的情况下，未公开储备才有资格包括在附属资本之内。

（2）重估储备。重估储备包括两方面：一是对计入资产负债表的银行自身房产的正式重估，称为房产业重估储备；二是来自有隐藏价值的资本的名义增值，它是由商业银行持有的有价证券增值所造成的，称为证券重估储备。

（3）普通准备金。普通准备金是指为防备未来可能出现的一切损失而设立的，在损失一旦出现时可随时用之弥补的准备金。因为它可被用于弥补未来的不可确定的任何损失，符合资本的基本特征，故被包括在附属资本中。

（4）混合资本工具。混合资本工具是指既有一定股本性质又有一定债务性质的资本工具，包括可转换为普通股的债券、长期性的优先股、累积性的优先股等。

（5）次级长期债务资本。次级长期债务资本包括普通的、无担保的初级债券和到期年限在五年以上的次级债券资本工具以及不允许赎回的优先股。其特点有两个：一是次级，即债务清偿时不能享有优先清偿权；二是长期，即有严格的期限规定。

按照《巴塞尔协议》的规定，银行的资本充足率（银行的资本总额/加权风险资产总额）不低于8%，其中核心资本充足率（核心资本总额/加权风险资产总额）不低于4%，附属资本总额不得超过核心资本总额的100%。

中国建设银行2021—2023年资本充足率如图3-3所示。

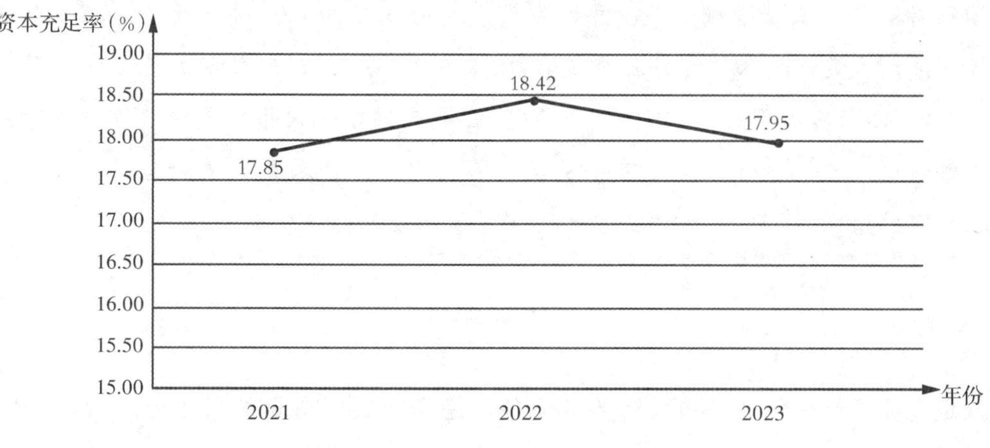

图3-3 中国建设银行2021—2023年资本充足率

拓展阅读

《巴塞尔协议》

1974 年，德国赫斯坦特银行与美国富兰克林银行等国际银行相继倒闭，极大地震惊了国际金融界。人们开始意识到，银行国际化、金融工具的创新及银行表外业务的发展，已经使各国对商业银行的监管严重弱化，而商业银行本身所承担的风险却大大增加，严重威胁着国际金融体系与各国经济的顺利运行和健康发展。在此背景下，1974 年年底，十国集团中央银行行长倡议建立一个由中央银行和银行监管当局为成员的委员会，其主要任务是讨论有关银行监管的问题。该委员会的办公地点设在国际清算银行的总部所在地——瑞士的巴塞尔，因此被称为巴塞尔委员会。巴塞尔委员会的宗旨在于加强银行监管的国际合作，共同防范和控制银行风险，保证国际银行业的安全和发展。

1988 年 7 月，巴塞尔委员会通过了《巴塞尔协议Ⅰ》，该协议规定银行必须根据自己的实际信用风险水平持有一定数量的资本。《巴塞尔协议Ⅰ》是衡量单家银行乃至整个银行体系稳健性最重要的指标，为各国银行监管当局提供了统一的资本监管框架，使全球资本监管总体上趋于一致。巴塞尔委员会建议 1992 年年底前各成员国的国际银行都应达到这一标准。1988 年通过的《巴塞尔协议Ⅰ》被誉为国际银行监管领域的一个划时代的文件，已成为国际银行业的竞争规则和国际惯例，在加强银行业监管、防范国际金融风险中发挥了重要作用。

随着世界经济一体化、金融国际化浪潮的涌动，金融领域的竞争，尤其是跨国银行间的竞争日趋激烈，金融创新使银行业务趋于多样化和复杂化。1996—2004 年，巴塞尔委员会为了应对出现的新情况，正式发表了《巴塞尔协议Ⅱ》，新协议于 2006 年年底在十国集团开始实施，适用范围是所谓的国际活跃银行及银行集团。《巴塞尔协议Ⅱ》在信用风险和市场风险的基础上，新增了对操作风险的资本要求；在最低资本要求的基础上，提出了外部监管和市场约束的新规定，形成了资本监管的“三大支柱”。

2007 年，美国次贷危机爆发，并逐步发展成全球的金融危机。此次危机极大地冲击了银行体系，为避免全球信贷危机重演，2010 年 12 月 16 日巴塞尔委员会发布了《巴塞尔协议Ⅲ》，要求各成员国从 2013 年开始实施。《巴塞尔协议Ⅲ》集中确立了国际银行业监管的新标杆。其主要内容包括三个方面：一是强化了资本充足率的监管标准，二是引入了杠杆率监管标准，三是建立了流动性风险量化监管标准。

（二）存款

存款是商业银行负债业务中最重要的业务，是商业银行资金的最主要来源，一般占商业银行资金来源的 70%以上。存款决定着商业银行的负债规模，同时还制约着商业银行的资产

经营能力，甚至影响银行的生存和发展。因此，对银行而言，具有最重要意义的始终是存款。通常将商业银行的存款按其性质和支取方式划分为活期存款、定期存款和储蓄存款三种类型。

1. 活期存款

活期存款是指无须事先通知银行，存款人即可随时存取和转让的一种存款。国际上，在支取这种存款时一般使用支票，因此又把这种活期存款称为支票存款。开立活期存款账户一般是为了交易和支付，所以存款人主要是企业和个人。活期存款是一个国家货币供应的最大部分，也是商业银行的重要资金来源。但由于该类存款存取频繁、手续复杂、成本较高，因此很多西方国家的商业银行一般不支付利息，有时甚至还要收取一定的手续费。

2. 定期存款

定期存款是指银行与存款人双方事先约定存款期限、利率，到期后支取本息的存款，具有存期灵活、选择余地大、利息收益较稳定的特点，是商业银行获取资金的重要渠道。这种存款的期限通常为 3 个月、6 个月和 1 年不等，期限长的可达 5 年或 10 年等。定期存款比活期存款存期经营成本低，是商业银行稳定的资金来源。因此，商业银行通常对定期存款给予较高的利息，一般而言，存期越长，利率越高。按规定，定期存款一般不能提前支取，而实操中银行往往会给存款人以通融，让其提前取款，但对提前支取的部分要按活期存款的标准计付利息。

3. 储蓄存款

储蓄存款是指为居民个人积蓄货币资产和获取利息而设立的一种存款，可分为活期存款和定期存款两种。储蓄存款通常由银行发给存款人一张存折（存单），以此作为存款和取款的凭证，储蓄存款一般不能据此签发支票，使用时只能提取现金或先转入存款人的支票存款账户。储蓄存款存折不具有流动性，即存折不能转让和贴现。储蓄存款的存款人主要是个人，为了保障储户的利益，各国金融监管当局对经营储蓄存款的银行都有严格的管理规定，一般要求只能由商业银行和专门的储蓄机构来办理，且要求银行对存款负无限清偿责任。

（三）借款

借款是指商业银行主动向中央银行、其他金融机构和金融市场借入资金的一种负债业务。商业银行借款业务主要包括向中央银行借款、同业借款、回购协议、发行金融债券、国际金融市场借款等。

1. 向中央银行借款

中央银行是商业银行的最后贷款人，向中央银行借款是商业银行融资的一条渠道。商业银行向中央银行借款的主要形式有两种：一是再贷款，二是再贴现。再贷款是商业银行从中央银行得到的直接借款，以解决其季节性或临时性的资金需求；再贴现是指商业银行持未到期的商业票据向中央银行再次贴现，从而取得现款的行为。在市场经济发达的国家，由于商业票据和贴现业务的广泛运用，再贴现成为商业银行向中央银行借款的主渠道；而在商业票据信用不发达的国家，则主要采取再贷款的形式。

2. 同业借款

同业借款是指商业银行向其他金融机构借入短期资金的资金融通活动。同业借款目前被当作商业银行资产负债管理的手段。同业借款具有期限较短、利率较低、风险较小的特点。银行同业借款的用途主要有两个方面：一是填补法定存款准备金的不足，这一类借款一般属于日拆借行为；二是满足银行季节性资金的需求，一般需要通过同业拆借市场进行。同业借款在方式上比向中央银行借款灵活，手续也比较简便。一般，同业借款分为以下三类。

（1）同业拆借。同业拆借是指银行同业之间的短期资金借贷行为，是最主要的同业借款方式。同业拆借期限较短，有的只有一天或一夜，所以有时称为隔日或隔夜借款。同业拆借一般是通过商业银行在中央银行的存款账户进行的，可以说，它是超额准备金调剂的一种手段。

（2）转贴现。转贴现是指商业银行将尚未到期的商业票据转售给其他商业银行，以获得资金融通的行为。

（3）转抵押。转抵押是指商业银行将发放抵押贷款而获得的抵押品再次向其他银行申请抵押贷款，以获得资金融通的行为。

3. 回购协议

回购协议是指商业银行将持有的有价证券出售给其他金融机构，并约定在某一日期后以约定的价格再购回其所出售的有价证券，以获得可用资金的一种协议。回购协议实际上是银行以有价证券作担保而获得的一种短期借款。回购协议的期限灵活、安全性较强、流动性较高，能有效增强长期债券的变现性。

4. 发行金融债券

发行金融债券是商业银行为取得比较稳定的资金来源，通过向社会公开发行债务凭证而形成的负债业务。它以发行债券的方式借入资金。与存款负债相比，其特点在于不需提取法定存款准备金，属于主动性负债。发行金融债券在发行数量、期限等方面往往要受到监管机构的严格限制；同时，利率较同期银行存款要高，债券的流动性也受到限制。

5. 国际金融市场借款

随着国际金融市场的发展，商业银行还可以在国际金融市场上通过吸收存款、发行大额可转让定期存单、发行商业票据等方式广泛地获取资金，来弥补资金来源的不足。目前，最具规模、影响最大的国际金融市场是欧洲货币市场。向国际金融市场借款，具有交易量大、资金来源充足、流动性强、借款手续简便、借款利率较高的特点。

二、商业银行的资产业务

商业银行的资产业务是指商业银行运用资金的业务，也就是商业银行将通过负债业务筹

集来的资金放贷或投资出去以赚取收益的活动。商业银行盈利状况如何、经营是否成功，很大程度上取决于资产业务的运营效果。

（一）现金资产

现金资产是商业银行流动性最强的资产，并且是银行经营所必需的资产。由于不能给银行带来直接的收益，因此一般银行保留的现金资产数额不大。现金资产包括库存现金、在中央银行的存款、存放同业款项、托收中现金等。

1. 库存现金

库存现金是指商业银行保存在业务库中的现钞和硬币，主要用于应付客户提现和日常零星开支。库存现金不能产生利息，并且需要投入保管费用，所以商业银行的库存现金一般保持在最低限度。

2. 在中央银行的存款

在中央银行的存款是指商业银行存放在中央银行的准备金存款。准备金存款由两部分组成：一部分是法定存款准备金，另一部分是超额准备金。法定存款准备金是指商业银行对吸收的各项存款余额按照中央银行规定的法定准备金比率缴存中央银行的准备金。超额准备金是指商业银行存在中央银行的存款准备金账户中，超过了法定准备金的那部分存款余额，主要用于商业银行之间票据交换差额的清算，应付不可预料的现金提存与等待有利的贷款和投资机会等。

3. 存放同业款项

存放同业款项是指商业银行存放在其他商业银行的存款，即为了便于在同业之间开展代理业务和结算收付，商业银行在其他银行开立活期存款账户而保留的存款。由于存放同业款项属于活期存款性质，随时可以支用，因此视同为现金资产。

4. 托收中现金

托收中现金是指商业银行在为客户办理票据支付清算的过程中，产生的需要向其他付款银行托收但尚未收妥的款项。托收中现金是一笔他行占用的资金，在途时间较短，收妥后即成为存放同业款项。银行一般将其视为现金资产。

（二）贷款业务

贷款是商业银行作为贷款人，按照一定的贷款原则和政策，以还本付息为条件，将一定数量的货币资金提供给借款人使用的一种借贷行为。它是商业银行的传统核心业务，也是商业银行中占比最大、最重要的资产。商业银行贷款业务种类很多，可以按照不同的标准进行分类。

1. 按贷款期限划分

按贷款期限划分，商业银行贷款可分为短期贷款、中期贷款和长期贷款。

（1）短期贷款。短期贷款是指期限在 1 年以内（含 1 年）的各项贷款，一般用于企业的各种临时性、季节性的营运资金需求，特点是期限短、流动性强、周转快。

（2）中期贷款。中期贷款是指期限在 1 年（不含 1 年）以上、5 年（含 5 年）以内的各项贷款，一般用于企业的设备更新和技术改造。

（3）长期贷款。长期贷款是指期限在 5 年（不含 5 年）以上的各项贷款，一般用于企业的基本建设。

2. 按贷款保障方式划分

按贷款保障方式划分，商业银行贷款可分为信用贷款、担保贷款和票据贴现。

（1）信用贷款。信用贷款是指银行完全凭借借款人的信誉而无须提供抵押物或第三者保证而发放的贷款。这类贷款从理论上讲风险较大，因此银行要收取较高的利息，而且对借款人的条件要求较高。一般而言，银行只向熟悉的、资信状况良好的大公司、大集团提供此类贷款。

（2）担保贷款。担保贷款是指借款人在向银行申请贷款时，根据银行的要求，由借款人或第三方依法提供担保而发放的贷款。

担保贷款包括保证贷款、抵押贷款和质押贷款三种形式。

保证贷款是以第三方承诺在借款人不能偿还贷款时，按约定承担一般保证责任或连带责任而发放贷款的贷款形式。

抵押贷款是指借款人或第三方不转移对法定财产的占有，将该财产作为贷款担保的贷款形式。

质押贷款则是指借款人或第三方将其动产或权利移交银行占有，将该动产或权利作为贷款担保的贷款形式。

担保贷款在一定程度上降低了银行的信贷风险，提高了借款人获得贷款的可能性，但同时也需要注意担保方所承担的风险。

（3）票据贴现。票据贴现是指银行以购买借款人未到期商业票据的方式发放的贷款，即票据收款人在票据到期以前将票据权利转让给银行，并贴付一定利息从银行取得现款的一种短期融资方式。票据贴现实质上是银行以票据为担保而对持票人发放的一种贷款。票据贴现是贷款的一种特殊方式，票据到期后，银行可向票据载明的付款人收取票款。如果票据合格且有信誉良好的承兑人承兑，这种贷款的安全性和流动性都比较好。

3. 按客户类型划分

按客户类型划分，商业银行贷款可分为个人贷款和公司贷款。

（1）个人贷款。个人贷款是指以自然人为借款人的贷款。个人贷款主要包括个人住房贷款、个人消费贷款、个人经营贷款和个人信用卡透支四大类。绝大多数个人贷款主要用于消费，极少数个人贷款用于生产经营。

（2）公司贷款。公司贷款又称为企业贷款或对公贷款，是以企事业单位为对象发放的贷

款，主要包括流动资金贷款、固定资产贷款、房地产贷款、银团贷款、国际贸易融资、国内贸易融资、票据贴现等。

4. 按贷款风险程度划分

国际通行的贷款质量分类方法是以贷款风险程度为依据的。在比较各国信贷资产分类方面不同做法的基础上，我国于 2001 年 12 月正式发布了《贷款风险分类指导原则》，规定了我国银行贷款风险分类方法，按照统一标准将贷款划分为正常、关注、次级、可疑和损失五个类别。其中，次级贷款、可疑贷款和损失贷款称为不良贷款。这种贷款分类标准的核心是贷款偿还的可能性，这种可能性在很大程度上取决于检查人员的经验、知识和判断能力，实践性很强。此后，2007 年 7 月发布的《贷款风险分类指引》，2023 年 2 月发布的《商业银行金融资产风险分类办法》，进一步推动了我国商业银行准确识别风险水平、做实资产风险分类，有利于银行业有效防范化解信用风险，提高服务实体经济的水平。

（1）正常贷款。正常贷款是指借款人能够履行借款合同，有充分把握按时足额偿还贷款本息的贷款。这类贷款的借款人的财务状况无懈可击，没有任何理由怀疑贷款的本息偿还会发生问题。

（2）关注贷款。关注贷款是指尽管借款人目前有能力偿还本金，但是发生了一些可能会影响贷款偿还的不利因素，如果这些因素继续存在，可能会影响借款人的还款能力，因此，需要对其进行关注或监控。

（3）次级贷款。次级贷款是指借款人的还款能力出现了明显的问题，依靠其正常经营收入已无法保证足额偿还贷款本息的贷款。

（4）可疑贷款。可疑贷款是指借款人无法足额偿还贷款本息，即使执行抵押或担保也肯定会造成一部分损失的贷款。这类贷款具备了次级贷款的所有特征，但是程度更加严重。

（5）损失贷款。损失贷款是指在采取所有可能的措施和一切必要的法律程序后，本息仍然无法收回或只能收回极少部分的贷款。这类贷款已经丧失作为银行资产的价值，因此已没有意义将其继续保留在资产账面上，应当履行必要的内部程序之后将其冲销。

中国建设银行 2021—2023 年不良贷款率如图 3-4 所示。

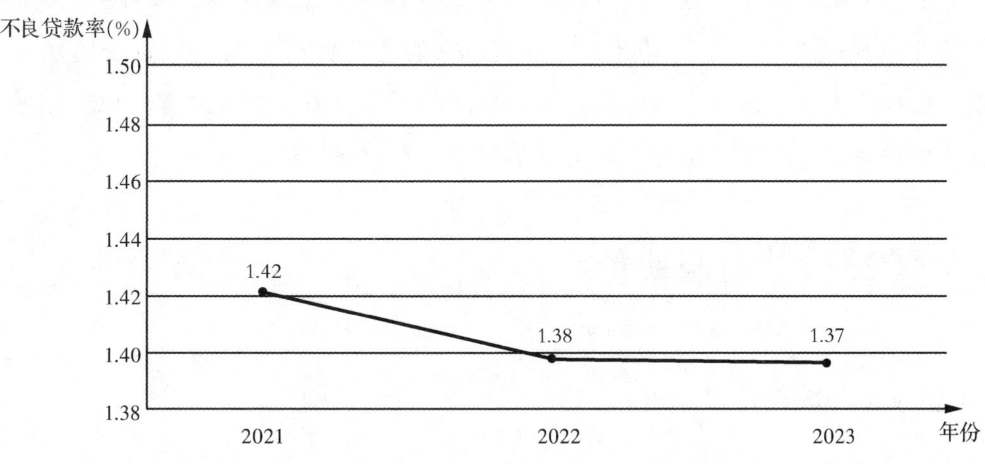

图 3-4　中国建设银行 2021—2023 年不良贷款率

（三）证券投资业务

证券投资业务是指商业银行在金融市场上购买各种有价证券的业务活动。证券投资是商业银行一项重要的资产业务，也是商业银行收入的主要来源之一。

1. 商业银行证券投资的目的

商业银行作为经营货币信用业务的金融企业，其参与证券投资业务的主要目的有以下三个。

（1）增加收益。从证券投资业务获取收益，以提高商业银行的盈利水平是商业银行从事证券投资业务的首要目的。商业银行证券投资的收益主要来自利息收益和资本收益。

（2）分散风险。如果商业银行将全部的资金都用于发放贷款，一旦贷款到期收不回来，银行就必须承担全部风险。而银行如果将部分资金投资于有价证券，只要投资证券的回报率与贷款的回报率不完全一致地变动，资产多样化对降低风险的好处就会显现出来。证券投资可以有效分散和降低风险，使银行得以稳健经营，利润的实现也得到保障。

（3）增强流动性。流动性是商业银行经营管理的重点之一。在商业银行的资产中，除了现金以外，有价证券拥有较高的流动性。有些有价证券可以在几乎不受损失的情况下抛售出去，换回现金，所以商业银行投资有价证券可以提高资产的流动性。此外，商业银行持有库存现金和在中央银行的存款没有利息或者利息很低，而商业银行投资买卖有价证券能增加其收益，从而使银行在流动性和收益性两方面保持平衡。

2. 商业银行证券投资的对象

由于商业银行证券投资的主要目的是增加收益、分散风险和增强流动性，因此商业银行应投资于安全性好、变现能力强、盈利性较高的有价证券。满足这些要求的最佳选择就是国库券、政府公债、政府机构债券、信用等级高的企业债券和部分优质股票。由于政府债券的最大特点是安全性好、流动性强，特别是短期的政府债券（如国库券）还本付息期限短，拥有活跃的二级市场，可以随时变现，因此国库券已经成为各国商业银行投资的主要对象。

目前，各国金融管理当局基于银行经营的安全和保持金融秩序稳定的需要，对商业银行的证券投资业务都有严格的限制规定。大多数国家的商业银行被禁止投资于股票。一方面，因为股票投资风险大，变现成本不确定，流动性高，不符合银行稳健经营的原则；另一方面，因为银行投资股票容易产生市场操纵行为，不利于证券市场的健康发展。

三、商业银行的中间业务

（一）中间业务的概念

中间业务是指商业银行不运用或不直接运用自己的资产、负债，以中间人（代理人）的

身份接受委托，为客户办理收付、咨询、代理、担保和其他委托业务事项，提供各类金融服务并收取手续费的经营活动。中间业务一般不直接反映在商业银行资产负债表上，不构成商业银行表内资产、表内负债。中间业务是银行非利息收入的业务。

长期以来，我国习惯上将资产负债业务以外的其他业务统称为中间业务，而西方国家则称为表外业务。商业银行在办理中间业务时，通常以收取佣金或手续费的方式获利。中间业务的发展为商业银行带来了大量的佣金收入和手续费收入。目前，西方商业银行中间业务收入占比一般为40%～50%，个别的如花旗银行的中间业务收入占比可达80%。随着社会经济生活的变化和金融创新的不断涌现，中间业务得到迅速发展，特别是商业银行中间业务已经突破了传统的结算、代收代付的范畴，出现了占用客户资金、代客户垫付资金、出售银行信用、承担业务风险等信用行为，使中间业务的品种迅速增加，覆盖面迅速扩大。

（二）我国中间业务的种类

根据中国人民银行颁布的《商业银行中间业务暂行规定》，我国商业银行中间业务划分为九大类。

1. 支付结算类中间业务

支付结算类中间业务是指商业银行为客户办理因债权、债务关系引起的货币支付、资金划拨等经营活动的业务。

2. 银行卡类中间业务

银行卡类中间业务是指商业银行向社会发行具有消费信用、转账结算、存取现金等全部或部分功能的信用支付工具的业务。银行卡类中间业务包括信用卡和借记卡业务。

3. 代理类中间业务

代理类中间业务是指商业银行接受客户委托，代理客户指定的经济事务，提供金融服务并收取一定费用的经营活动。代理类中间业务具体包括代理证券业务、代理保险业务、代理金融机构委托业务、代收代付业务等。

4. 担保类中间业务

担保类中间业务是指商业银行为客户债务清偿能力提供担保、承担客户违约风险的业务。担保类中间业务具体包括银行承兑汇票、备用信用证、各类银行保函等。

5. 承诺类中间业务

承诺类中间业务是指商业银行在未来某一日期按事前约定条件向客户提供约定信用的业务。承诺类中间业务主要包括贷款承诺业务。

6. 交易类中间业务

交易类中间业务是指商业银行为满足客户保值或自身风险管理等方面的需要，利用各种金融工具进行资金交易的业务。交易类中间业务包括远期外汇合约、金融期货、互换和期权等。

7. 基金托管类业务

基金托管类业务是指有托管资格的商业银行接受基金管理公司委托，安全保管所托管基金的全部资产，为所托管基金办理基金资金清算、款项划拨、会计核算、基金估值并监督管理人投资运作的经营活动。基金托管业务包括封闭式和开放式投资基金托管业务等。

8. 咨询顾问类中间业务

咨询顾问类中间业务是指商业银行依靠自身信息、人才、信用等优势，收集整理、分析研究商业银行、客户资金运动的有关信息，形成并提供给客户系统的资料和方案以满足客户经营管理需要的服务活动。咨询顾问类中间业务包括信息咨询、财务顾问等。

9. 其他类中间业务

其他类中间业务是指不能归入以上八类的业务，包括保管箱业务等。

中国建设银行 2019 年主要财务数据见表 3-1。

表 3-1　中国建设银行 2019 年主要财务数据　　单位：亿元

项目	数据	项目	数据
总资产/亿元	254 362.61	资本充足率	17.52%
总负债/亿元	232 011.34	不良贷款率	1.42%
存款规模/亿元	183 662.93	拨备覆盖率	227.69%
贷款规模/亿元	145 406.67	加权平均净资产收益率	13.18%
营业收入/亿元	7056.29	手续费及佣金净收入占营业收入比率	19.46%
净利润/亿元	2692.22	净利差	2.12%
每股收益/元	1.05	成本收入比	26.53%

我国商业银行的设立条件及业务要求

1. 我国设立商业银行应当具备的条件

(1) 有《中华人民共和国公司法》规定的公司章程。

(2) 有规定的注册资本最低限额。

(3) 有具备任职专业知识和业务工作经验的董事、高级管理人员。

(4) 有健全的组织机构和管理制度。

(5) 有符合要求的营业场所、安全防范措施和与业务有关的其他设施。

设立全国性商业银行的注册资本最低限额为 10 亿元人民币。设立城市商业银行的注册资本最低限额为 1 亿元人民币，设立农村商业银行的注册资本最低限额为 5 000 万元人民币。注册资本应当是实缴资本。

2. 我国商业银行的业务要求

商业银行在中华人民共和国境内不得从事信托投资和证券经营业务，不得向非自用不动产投资或者向非银行金融机构和企业投资，但国家另有规定的除外。

商业银行办理票据承兑、汇兑、委托收款等结算业务，应当按照规定的期限兑现，收付入账，不得压单、压票或者违反规定退票。有关兑现、收付入账期限的规定应当公布。同业拆借，应当遵守中国人民银行的规定，禁止利用拆入资金发放固定资产贷款或者用于投资。拆出资金限于交足存款准备金、留足备付金和归还中国人民银行到期贷款之后的闲置资金。拆入资金用于弥补票据结算、联行汇差头寸的不足和解决临时性周转资金的需要。

思考练习

1. 简述商业银行的性质和职能。
2. 简述商业银行的发展过程。
3. 简述商业银行的业务。
4. 简述商业银行的组织形式。
5. 简述商业银行中间业务特点。

第四章

证券交易

学习目标

了解证券公司的概念和发展。

掌握股票交易的基本原理。

掌握债券交易的基本原理。

了解资本市场的各类主体。

熟悉资本市场运行的基本原理。

能够应用股票交易的一般方法和技巧。

能够应用债券交易的一般方法和技巧。

能够把握分析资本市场走势的一般原理。

案例导入

小金听说在另一所大学读书的老乡小张炒股赚了钱，于是给小张发了微信要他请客，但是小张回复时总是支支吾吾，一点都不爽快。小金心里不是很高兴，暗自埋怨小张“不够意思”。

一天，小金碰巧遇到小张，见他一副愁眉苦脸的样子，仔细一问，才知道小张最近炒股被“套牢”了。这倒激起了小金的兴趣：炒股到底是怎么回事？

【思考】

你听说过亲戚朋友炒股赚钱或者赔钱的经历吗？你有亲身经历证券交易的起起落落吗？你认为，证券交易赚钱靠的是运气，是技术，还是其他？

第一节 证券机构

一、证券公司的概念和主要业务

（一）证券公司的概念

证券公司是专门从事对工商业股票与债券承销和投资、代销包销，并为企业提供长期资金业务的金融机构。在西方国家，证券公司多被称为投资银行，英国称之为商人银行。

证券公司在金融市场上的功能主要包括两个方面：一是为需要资金的单位（包括企业和政府部门）提供筹集资金的服务，二是充当投资者买卖证券的经纪人和交易商。

（二）证券公司的主要业务

证券公司的主要业务有五个方面。

（1）为公司股票、债券的发行提供咨询和担保，并代理发行或包销。

（2）向公司融资，包括直接投资公司股票、债券和向公司提供长期信贷。

（3）直接参与公司的创建与改组活动，为公司的设立、合并、收购、调整提供投资及财务方面的咨询。

（4）从事证券的自营买卖。

（5）充当政府的投资顾问，即包销本国及外国政府债券，较大的证券公司还充当国际金融顾问，为国外企业和政府机构提供国际金融市场的咨询服务。

此外，一些证券公司还从事外汇及黄金买卖，经营设备以及耐用品的租赁，提供公司股票登记与法规咨询服务，管理退休基金、投资信托和单位信托等各种投资基金，兼营一些短期贷款和其他业务。近年来，证券公司的业务日趋多样化，与一般商业银行的区别正在逐步缩小。

二、证券交易所

（一）证券交易所的概念和类型

证券交易所是有组织的、公开集中证券买卖的场所，是金融市场的有机组成部分。证券交易所为证券买卖双方提供了集中交易的场所以及多种与交易有关的服务和设施，从而使交易双方可以充分交换信息，保证证券交易迅速且顺利进行。

在证券交易所中，交易过程并不表现为买卖双方个别协商成交，而是由交易人员代表众多的买卖者集中在交易所内充分展开竞买竞卖，根据价格优先、时间优先的原则达成交易，形成价格，从而有利于公正价格的形成。各国的证券交易所都制定了严格的规章制度和标准规程。

按组织类型不同，证券交易所可以划分为公司制和会员制两种。公司制交易所是采取股份公司形式，以营利为目的的法人组织，其交易费用比会员制交易所高，其最高决策机构是董事会，由股东大会选举产生。会员制交易所是一个由会员自愿出资共同组建，不以营利为目的的法人团体，其最高权力机关是会员大会，下设理事会，由全体会员选举产生。出资的证券商成为交易所会员，由会员共同经营交易所业务，也只有会员才能参加证券交易。目前，大多数国家的证券交易所采用会员制组织形式。

（二）证券交易所的特征

1. 有组织的市场

有组织的市场是指证券交易所为保证大量的证券顺畅、有效地成交，经常有规则地使用一定的场所与设施，在一定的人员组织和交易规章下人为形成的交易市场。证券交易所按一定法律程序设立，具有同其他企业类似的组织机构，对证券的上市、竞价、清算、成交单位等均有一定的规章制度。

2. 具有证券交易的中介性

证券交易所本身不买进证券，也不卖出证券，更不规定证券价格。证券交易所的职能主要是为证券买卖双方创造交易条件，提供各种服务，并对买卖双方进行监管，充当证券交易的中介人。这一职能主要是通过规定证券上市制度、交易日以及交易规章，并通过公布证券

成交价格、数量及证券发行单位等信息来实现的。

3. 具有公开性

证券交易所是一个完全公开的市场，要求所有申请上市的证券发行单位（政府除外）必须定期地、真实地将其经营状况和财务状况公布于众。证券交易所还定期编制各种上市证券的行情表和统计表，向买卖双方公布。这使得投资者能够对各种证券作出判断和选择，并投资于优良证券。

（三）主要的证券交易所简介

1. 纽约证券交易所

纽约证券交易所是世界上规模最大的证券交易市场之一，也是美国最具有代表性的证券交易所之一。纽约证券交易所创立于1792年，当时24个证券经纪人签署了“梧桐树协议”，规定了经纪人的“联盟与合作”规则。其会员大致分为佣金经纪人、交易厅经纪人、交易厅交易商、零股买卖商、专家经纪人、债券经纪人六种。

2. 东京证券交易所

东京证券交易所是世界知名的证券交易中心之一，于1878年创立，第二次世界大战时曾暂停交易，后于1949年4月重开。东京证券交易所采用会员制的组织形式，其中约1/5为外国证券公司。东京证券交易所有正式会员、中介人会员、特殊会员和场外会员四种会员。

3. 伦敦证券交易所

伦敦证券交易所是世界第三大证券交易所，实行会员制，会员必须为自然人。虽然大多数会员分属于各证券金融机构，但都不是以法人名义直接参加。

三、我国的证券业机构

（一）证券公司

我国的第一家证券公司于1987年在深圳经济特区成立，以后各省市陆续成立了许多证券公司。这些证券公司初设时或是由某一家金融机构全资设立的独资公司，或是由若干金融机构、非金融机构以入股形式组建的股份制公司。

从业务的性质上看，我国的证券公司可以分为两种类型：一类是证券专营机构，即专门从事与证券有关的各项业务的证券公司；另一类是证券兼营机构，主要是通过其设立的证券业务部经营证券业务的信托投资公司。

拓展阅读

证券公司与投资银行

在《中华人民共和国证券法》公布实施之前，我国的证券公司在业务范围上多是集一级市场上的承销业务、二级市场上的经纪和自营业务于一体的综合型经营机构。从这个意义上说，我国的证券公司类似于西方的投资银行。

投资银行是主要从事证券发行、承销、交易、企业重组、兼并与收购、投资分析、风险投资、项目融资等业务的非银行金融机构，是资本市场上的主要金融中介。投资银行是与商业银行相对应的一个概念，是现代金融业适应现代经济发展形成的一个新兴行业。它区别于其他相关行业的显著特点是：其一，它属于金融服务业，这是区别于一般性咨询、中介服务业的标志；其二，它主要服务于资本市场，这是区别于商业银行的标志。

世界各国对证券公司的划分和称呼不尽相同，美国通常称投资银行，英国则称商人银行。

以德国为代表的一些国家实行银行业与证券业混业经营，通常由银行设立公司从事证券业务经营。日本等国家和中国一样，将专营证券业务的金融机构称为证券公司。

在美国，投资银行往往有两个来源：一是由综合性银行分拆而来，如高盛公司、美林公司、摩根士丹利公司等；二是由证券经纪人发展而来，如美林证券。

美国投资银行与商业银行的分拆发生在1929年之后。1933年，《格拉斯—斯蒂格尔法案》获得通过，一大批综合性银行按照法案进行了分拆，其中最典型的例子就是摩根银行分拆为从事投资银行业务的摩根士丹利以及从事商业银行业务的摩根大通。随着美国经济、金融形势的变化以及信息技术的进步，1999年出台的《金融服务现代化法案》撤销了《格拉斯—斯蒂格尔法案》中关于商业银行和投资银行分业经营的条款。

（二）证券交易所

我国的深圳证券交易所和上海证券交易所是不以营利为目的，为证券的集中和有组织的交易提供场所和设施，并履行相关职责，实行自律性管理的会员制事业法人。北京证券交易所是经国务院批准设立的我国第一家公司制证券交易所，其经营范围包括依法为证券集中交易提供场所和设施、组织和监督证券交易以及证券市场管理服务等业务。

（三）证券登记结算公司

证券登记结算公司是专门为证券与证券交易办理存款、资金存管、资金结算、交收和证券过户业务的中介服务机构。我国的证券登记结算公司是不以营利为目的的法人，采取全国集中统一的运营方式。

目前，上海证券交易所的登记结算工作由中国证券登记结算有限责任公司上海分公司承

担，深圳证券交易所的登记结算工作由中国证券登记结算有限责任公司深圳分公司承担，这两个分公司是两个交易所的附设机构。每个交易日的资金划拨和证券交收均采用净额结算方式，于成交后的次日完成。

（四）证券投资咨询公司

证券投资咨询公司是证券投资者的职业性指导者，它们根据客户的要求，向客户提供参考性的证券市场统计分析资料，对证券买卖提出建议，代拟某种形式的证券投资计划等。

四、证券监管机构

证券监管机构是对证券市场进行监督管理的政府部门或机构，其目的在于维护证券市场的秩序，保护投资者的合法权益，促进证券市场的健康发展。

我国的证券监管机构主要是指中国证券监督管理委员会（简称为中国证监会），它是国务院直属机构，正部级。中国证监会的主要职责包括以下几项。

法规制定与政策研究：研究拟订证券期货基金市场的方针政策、发展规划；起草证券期货基金市场有关法律法规草案，提出制定和修改建议，制定证券期货基金市场有关监管规章、规则。

市场监管：监管股票、可转换债券、存托凭证和国务院确定由中国证券监督管理委员会负责的其他权益类证券的发行、上市、交易、托管和结算，监管证券、股权、私募及基础设施领域不动产投资信托等投资基金活动；监管公司（企业）债券、资产支持证券和国务院确定由中国证券监督管理委员会负责的其他固定收益类证券在交易所市场的发行、上市、挂牌、交易、托管和结算等工作，监管政府债券在交易所市场的上市交易活动，负责债券市场统一执法工作；监管上市公司、非上市公众公司、债券发行人及其按法律法规必须履行有关义务的股东、实际控制人、一致行动人等的证券市场行为；按分工监管境内期货合约和标准化期权合约的上市、交易、结算和交割，依法对证券期货基金经营机构开展的衍生品业务实施监督管理。

机构与人员管理：监管证券期货交易所和国务院确定由中国证券监督管理委员会负责的其他全国性证券交易场所，按规定管理证券期货交易所和有关全国性证券交易场所的高级管理人员；监管证券期货基金经营机构、证券登记结算公司、期货结算机构、证券金融公司、证券期货投资咨询机构、证券资信评级机构、基金托管机构、基金服务机构，制定有关机构董事、监事、高级管理人员及从业人员任职、执业的管理办法并组织实施。

跨境业务监管：监管境内企业到境外发行股票、存托凭证、可转换债券等证券及上市活动，监管在境外上市的公司到境外发行可转换债券和境内证券期货基金经营机构到境外设立分支机构，监管境外机构到境内设立证券期货基金机构及从事相关业务，境外企业到境内交易所市场发行证券上市，合格境外投资者的境内证券期货投资行为。

信息管理与科技监管：监管证券期货基金市场信息传播活动，负责证券期货基金市场的统计与信息资源管理；负责证券期货基金业的科技监管，建立科技监管体系，制定科技监管政策，构建监管大数据平台，开展科技应用和安全等风险监测、分析、评价、预警、检查、处置。

违法违规查处与风险处置：依法对证券期货基金市场违法违规行为进行调查，采取相关措施或进行处罚；依法打击非法证券期货基金金融活动，组织风险监测分析，依法处置或协调推动处置证券期货基金市场风险；组织协调清理整顿各类交易场所，指导开展风险处置相关工作。

指导与协调地方监管工作：按照建立以中央金融管理部门地方派出机构为主的地方金融监管体制要求，指导和监督与证券期货基金相关的地方金融监管工作，指导协调地方政府履行相关金融风险处置属地责任。

对外交流与合作：开展证券期货基金业的对外交流和国际合作。

中国证监会在各省、自治区、直辖市和计划单列市设立了36个证券监管局，以及上海、深圳证券监管专员办事处，负责辖区内的证券市场监管工作。

第二节　股票交易

一、股票价格

（一）股票的市场价格

股票价格有广义和狭义之分。广义的股票价格是对股票的票面价格、发行价格、账面价格、清算价格、内在价格和市场价格的统称，狭义的股票价格主要是指股票的市场价格。

股票的市场价格是股票在市场上买卖的价格，即股票行市。股票的市场价格与票面价格不同，票面价格是固定的，而市场价格是经常波动的。投资者在这种股价的不断变化中会获利或受损。

在证券市场上，股票是一种特殊的商品。当市场供不应求时，就会引起股票价格上涨；当市场供过于求时，则会引起股票价格下跌，但股票价格随市场变化而波动，是各种必然的、偶然的、主观的、客观的以及政治、社会、经济、技术等各方面因素共同作用的结果，影响和形成过程也十分复杂。

拓展阅读

股票的各种价格

1. 股票的票面价格

股票的票面价格又称股票面值或股票面额，是公司发行股票时所标明的每股股票的票面金额，即股票的票面价值。它表明每股股票占公司总资本的比重，以及该股票持有者在股利分配时所占有的份额。但实际上，由于公司的资产价值会在经营过程中不断变化，因此股票面值并不表示实际资产价值。同时，由于股票的收益取决于公司盈利状况，并不是按面额确定的，因此股票面值不代表股票的实际价值。由此可见，在实际运行中，股票面值的意义并不大，更多的是具有簿记方面的作用。

2. 股票的发行价格

股票的发行价格是指股份公司在发行股票时的出售价格，主要有面额发行、折价发行和溢价发行。不同的公司，发行市场情况不同，股票的发行价格也各不相同。

股票虽然有多种发行价格，但在一般情况下，同一种股票只能有一种发行价格。股票发行过程中究竟采用哪一种价格，主要取决于股票的票面形式、法律有关规定、公司状况、市场情况和其他有关因素。

3. 股票的账面价格

股票的账面价格又称股票的净值，通常是证券分析师和其他专业人员使用的概念，是指股票所代表的净资产总额。股票的账面价格与市场价格并不一致，往往等于或低于其市场价格。股票账面价格的变动主要取决于资产总额的数量、负债总额的数量以及股票股数等因素。其计算公式为：

$$每股股票账面价格=\frac{资产总额-负债总额}{总股数}$$

$$普通股每股账面价格=\frac{净资产总额-优先股总面额}{普通股股数}$$

（二）股票价格指数

1. 股票价格指数的概念

股票价格指数经常被用来测定某一市场或整个市场价格的变动。股票价格指数也叫股价指数，是以选定的某一时点为基期，以计算期股价与基期股价相比，用来表示股票价格水平及变动的一种相对数。

股票价格指数是股市动态的、综合的反映，代表股票的价格走势。通过股票价格指数，人们可以了解和判断计算期的股价比基期的股价上升或下降的百分比。

2. 股票价格指数的编制

股票价格指数的编制，通常以某一年份作为基期，基期值定为100（或者10、1 000），选择各时期全部股票或若干种代表性股票的价格和基期价格相比较，计算出升降的百分比，就是该时期的股票价格指数。股票价格指数的单位是“点”，用以判断股市的上升或下降。股票价格指数的编制方法有两种。

（1）平均法，又称相对法，是先计算各采样股票的个别指数，再加总计算股本平均数。

（2）综合法，是先将采样股票的基期价格与计算期价格分别加总，用报告期股价与基期股价相比。并以指数表示。

（3）加权法，是在综合法的基础上再考虑权数的因素进行计算。权数通常选择流通量或发行量，采用的权数既可以是基期的数据，也可以是计算期的数据。

几种重要的股票价格指数

1. 道·琼斯股票价格平均指数

道·琼斯股票价格平均指数简称道·琼斯指数，是国际上历史最悠久、最有影响力、最为公众熟悉的股票价格指数。早在1844年7月3日，道·琼斯公司根据美国11种有代表性的股票编制了股票价格平均数，后来人们习惯用指数代替平均数。

道·琼斯指数共分四组：第一组是工业股票价格平均指数，以30种有代表性的大型工商业公司的股票为编制对象，通常称为道·琼斯工业指数，是最具影响和代表性的股票价格指数，也是媒体经常采用的指数；第二组是运输业股票价格指数，以20种有代表性的运输业公司的股票为编制对象；第三组是公用事业股票价格指数，以代表着美国公用事业的15种煤气公司和电为公司的股票为编制对象；第四组是平均价格综合指数，它是综合了上述65种股票而得出的综合指数。

2. 标准普尔股票价格指数

标准普尔股票价格指数简称标准普尔指数，是美国最大的证券研究机构标准普尔公司编制发布的，用以反映美国股票市场行情变化的股票价格指数。标准普尔指数于1923年开始编制。

3. 伦敦金融时报股票价格指数

伦敦金融时报股票价格指数简称金融时报指数，是由英国经济界最著名的报纸《金融时报》编制和公布的，用以反映伦敦证券交易所行情变动的股票价格指数。该指数以1935年7月1日为基期，基期值为100，采用加权法编制。

4. 日经股票价格指数

日经股票价格指数简称日经指数或日经平均股价，是由日本经济新闻社编制并公布的反映日本股票市场价格变动的股票价格平均数。其计算方法采用的是美国道·琼斯指数所用的修正法，基期为1950年9月7日。该指数包括225种股票，是日本最具代表性的股票价格指数。

5. 恒生股票价格指数

恒生股票价格指数也叫恒生指数，是由香港恒生银行编制的反映香港股票市场价格变动的指数，也是香港历史最久、影响最大的股票价格指数。它从1969年11月24日开始发布，基期为1964年7月31日，基期值为100，最初挑选了33种具有代表性的股票为成分股。

二、股票发行市场

（一）股票发行市场的主体

股票发行市场的主体主要包括股票发行公司、股票承销商和股票认购者。

股票发行公司是指在股票市场上以发行股票的方式筹措资金的股份有限公司。股票承销商是指专门经营股票承销业务的中介机构，是发行公司和股票认购者之间的媒介，主要包括证券公司等，其主要职能是通过代销或包销的方式，将新股票发售给广大投资者。股票认购者即新股票的购买者。

（二）股票发行的方式

1. 筹资发行和增资发行

根据股票发行目的来划分，可分为筹资发行和增资发行。

筹资发行是为新设立的股份公司发行股票。由于筹资发行是新设立公司首次发行股票，因此必须由发起人拟定公司章程，经律师和会计师审查，在报纸上公布，同时报经主管机关审查合格准予注册登记，在法律上取得独立的法人资格后，才准予向社会发行。

增资发行则是已设立的股份公司为增资扩股而发行股票，它是企业为追加投资而进行的募股行为。由于各国往往规定公司发行股票必须有一定的存续期，因此大多数股票发行是增资发行。根据目的和具体方式来划分，增资发行可分为有偿增资、无偿增资和并行增资几种方式。

2. 直接发行和间接发行

根据股票发行方式来划分，可分为直接发行和间接发行。

直接发行是由发行公司自己发行和销售股票，虽然发行费用低，但是发行时间长、难度大、成功率较低。

间接发行是发行公司委托承销机构代销或包销。代销是承销机构按照双方事先签订的代销协议，代为发售股票。若在规定期限内承销机构不能将全部新股发售出去，则剩余部分退还给发行公司，因而其承担风险较小。包销则是包销机构和发行公司签订包销协议，并规定包销数量、发行价格、包销费用、发行时间。若在规定时间内不能将股票全部发售，剩余部分则由包销机构自行解决，因而其承担风险较大，费用也较高。

股票发行方式还有公开发行（公募）/内部发行（私募）、平价发行/溢价发行/折价发行等多种方式。

三、股票流通市场

相对于其他金融资产的流通，股票流通市场更具有意义。这是因为股票是一种所有权凭证而不是债权凭证，是一种永久性投资，不能退股，只能以转让流通的方式保证其权益。同时，股票投资是一种集高盈利和高风险于一体的投资方式，若没有很好的变现退出机制，投资者将无法转移风险。另外，股票的流通性还是企业的股票以不断转让的方式实现资源配置的有效途径。

（一）股票流通市场的结构

股票流通市场的结构主要包括股票交易所市场和场外市场。

股票交易所市场交易即场内交易。目前，许多国家大部分股票在证券交易所内进行交易。由于证券交易所市场的容量有限，并且其上市的条件也很严格，因此相当多的股票不能在场内交易。场外市场为这部分不能在场内上市的股票流通创造了条件，而且场外交易并不是仅作为场内交易的补充而存在，自身也有特点，如组织较为松散、对象十分广泛、交易方式非常灵活。场外市场具体划分为柜台市场、第三市场和第四市场。柜台市场又称店头市场，是场外市场的主要形式。

（二）股票场内交易程序

投资者要买卖股票，不能在场内直接进行，只能通过券商进行，通常包括开立股票账户、委托买卖股票和交割成交股票三大程序，经过开户、委托、成交、清算、交割、过户六大环节。

1. 开户

投资者从事股票交易前，必须先开立股票交易账户，填写委托买卖契约，并签字或盖章，经批准后发给开户凭证。从事现货交易的股票投资者需办理现金账户。当投资者通过经纪人买进股票时，必须从现金账户中支付相应的股款。

我国投资者需开立两种账户，即股东账户和资金账户。股东账户可在当地的证券登记部门办理，资金账户一般在投资者选定的证券经营机构开立。无论在何地开户，全国均有效。

2. 委托

证券交易所规定有资格的券商才能进入交易所内从事股票买卖，投资者只能在证券营业机构委托经纪商代位执行交易。委托是指投资者对券商的业务指示，券商必须按照投资者的指示操作，不得违反。

委托的形式有当面委托、电话委托、电报委托、传真委托、网上委托五种。其中，当面委托包括柜台委托和自助委托。目前，自助委托、电话委托和网上委托已发展成为三种最主要的形式。

3. 成交

券商接受委托后，应立即通知其驻场交易员，驻场交易员根据委托人的委托指令进行申报竞价，促成交易。由于交易所内的买卖集中，买卖某种股票的客户不止一家，因此一般是通过双边拍卖（竞价）的方式决定成交。

双边拍卖是指相互竞价，既发生在买者之间，也发生在卖者之间。双边拍卖的方式有口头交易和报牌交易两种。竞价实际上类似于自由市场的讨价还价，买方交易员尽量压低价格，以最低价格为客户买入；卖方交易员尽量抬高价格，以最高价格为客户卖出。但都遵循“时间优先、价格优先”的原则，即在相同价格下，先出价者优于后出价者；而在价格上，是卖方价格低的优于价格高的，买方价格高的优于价格低的。

4. 清算

清算是指将买卖同一种股票的数量和金额相互抵销，然后通过证券交易所交割净差额的股票或价款的过程。在股票交易中，实际的交割过程并不是逐笔结算，而是经过一定的结算制度以减少实际交割的股票和款项，从而节省人力、财力和物力。清算一般由专门的清算公司进行。

5. 交割

交割是指卖方向买方交付股票，买方向卖方交付价款的行为。交割过程包括经纪商交割和经纪商为客户送达确认书两个主要程序。确认书一般包括成交时间、数量、股票名称、成交金额、成交价格、完成委托的证券交易所名称和交割日期。买卖双方必须在规定的期限内交割，否则将追究经纪商的责任。

6. 过户

过户是指股票所有权从原所有者转移到新所有者所作记录的过程，是股票交易完成后，变更股票所有者名户的行为。

第三节 债券交易和基金交易

一、债券的定义和基本要素

债券是发行人依照法定程序发行，并约定在一定期限内还本付息的有价证券。

债券的定义包括四个方面的基本内容。其一，债券由债务人出具（或发行），债务人就是债券的发行人，是借入资金的经济主体。一般通过发债筹资的有政府、金融机构、企业。其二，债券由债权人购入，债权人也就是债券投资者，是出借资金的经济主体。政府、金融机构、企业、各类基金、居民等是主要的债券投资者。其三，债务人利用他人资金有一定的条件，即需要承诺在一定时期内还本付息。其四，债券不仅反映了债券发行者和债券投资者之间的债权债务关系，而且是这一关系的法律凭证。若双方由此发生纠纷，债券就是一种法律依据。

债券作为证明债权债务关系的凭证，一般用具有一定格式的票面形式来表现。通常，债券由如下基本要素组成。

（一）债券的票面价值

在债券的票面价值中，首先要规定票面价值的币种，即债券以何种货币作为其价值的计量标准。确定币种时，主要应考虑债券的发行对象和实际需要。一般而言，在国内发行的债券以本国本位币作为面值的计量单位；若在国际金融市场融资，则以债券发行地所在国家的货币或同际通用货币作为计量标准。除此之外，还应该考虑债券发行者本身对币种的需要。

币种确定后，还要确定债券的票面金额。不同的票面金额，可以适应不同的投资对象，同时会产生不同的发行成本。票面金额定得较小，有利于小额投资者购买，持有者分布面广，但债券本身的印刷及发行工作量大，费用可能较高；票面金额定得较大，有利于少数大额投资者购买，且印刷费用等会相应减少，但小额投资者无法参与。因此，债券票面金额的确定也要根据债券的发行对象、市场资金供给情况及债券发行费用等因素综合考虑。

（二）债券的偿还期限

债券的偿还期限是指债券从发行之日起至清偿本息之日止的时间。不同的债券有着不同的偿还期限，短则几个月，长则几十年，习惯上有短期、中期和长期之分。发行人在确定债券期限时，要考虑多种因素的影响。

1. 资金使用方向

债务人借入资金可能是为了弥补自己临时性的资金周转短缺，也可能是为了长期资金需要。在前一种情况下可以发行一些短期债券，而在后一种情况下可相应发行中长期债券。这样的好处是既能保证发行人的资金需要，又不会因占用资金时间过长而多承担利息。

2019 年我国绿色债券发展回顾

我国现行绿色债券认定标准主要参考国家发展和改革委员会（以下简称国家发展改革委）发布的《绿色产业指导目录（2019 年版）》和中国人民银行等单位编制的《绿色债券支持项目目录（2021 年）》。

2023 年是我国绿色债券市场发展的第八年，绿色债券市场仍然保持强劲增长态势，继续位居全球绿色债券市场前列。初步统计数据显示，2023 年我国境内外绿色债券发行规模合计 8 388.70 亿元人民币，发行数量 475 只，较 2022 年同比减少 4.29％和 8.30％，但仍处于近年来较高水平。

2. 市场利率变化

随市场利率情况而相应选择债券偿还期限，有助于减少发行者的筹资成本。一般而言，当未来市场利率趋于下降时，应发行期限较短的债券，这样可以避免市场利率下跌后仍然负担较重的利息；当未来市场利率趋于上升时，应发行期限较长的债券，这样在市场利率趋高的情况下可以保持较低的利息负担。

3. 债券的变现能力

这一因素与亏债券流通市场的发育程度有关。流通市场发达，债券容易变现，这样购买长期债券无资金转换之忧，长期债券的销路也好一些；反之，其销路就不如短期债券。

（三）债券利率

债券利率是债券利息与债券票面价值的比率，通常用年利表示。债券利息对债务人来说是筹资成本，利率高则负担重，反之则轻；债券利息对于债权人來说是投资收益，利率高则收益大，反之则收益小。因此，利率成为债券票面要素小不可缺少的内容。

在实际生活中，债券利率有多种形式，如单利、复利、贴现利率等。付息方式分为一次性付息和分次付息两种。一次性付息是指无论债券期限多长，从发行到偿还时间内只支付一次利息。这次付息若在债券到期时与还本一起进行，则称利随本清；若在债券发行时就已从面额中扣除，则称贴现付息。分次付息是指在债券的有效期内按约定的时间分若干次支付利息，分次付息又分为按年、半年、季付息。

拓展阅读

债券利率的影响因素

债券利率的高低受多种因素的影响，概括起来主要有以下三项。

1. 借贷资金市场的利率水平

通常是指银行利率水平。市场利率较高时，债券利率也应相应提高，否则投资者会选择其他金融资产投资而舍弃债券；反之，市场利率较低时，债券利率也应相应降低。

2. 筹资者的资信

如果债券发行人（筹资者）的资信状况好，债券信用等级高，投资者的风险就小，债券利率可以定得低一些；如果债券发行人资信差，债券信用等级低，投资者的风险就大，债券利率需定得高一些。此时利率差异反映了风险的大小，高利率是对高风险的补偿。

3. 债券期限长短

一般期限较长的债券，流动性差，风险相对较大，利率则相对高一些；期限较短的债券，风险相对较小，利率也相应低一些。不过，债券利率与期限之间的关系较复杂，还受其他因素的影响。

（四）债券发行者名称

这一要素指明了该债券的债务主体，一方面明确了债券发行人应履行对债权人偿本付息的义务，另一方面为债权人到期追索本金和利息提供了依据。

二、债券发行

（一）债券发行的条件

债券发行条件是指债券发行人在以债券形式筹集资金时所必须考虑的有关因素。债券发行条件包括许多内容，如发行金额、期限、偿还方式、票面利率、付息方式、发行价格、收益率、税收效应、发行费用以及有无担保等。如果筹资者（发行人）对这些因素考虑不全，会影响债券的发行，降低发行收入，增加发行成本与筹资成本。

1. 发行金额

债券的发行金额是根据发行人所需资金的数量、资金市场供求情况、发行人的偿债能力和信誉、债券的种类以及该种债券对市场的吸引力来确定的。如果发行额定得过高，会影响其他发行条件，造成销售困难，发行后对债券的转让价格也会产生不良的影响。一般而言，发行额的规模主要由承销机构根据自己的专业知识向发行者提出建议。

2. 期限

通常来讲，如果企业发行债券是用于长期投资建设，未来市场利率有上升趋势，流通市

场较发达，物价波动平稳，则可发行长期债券。

3. 偿还方式

债券的偿还方式会直接影响债券的收益高低和风险大小，在偿还方式中，要规定偿还金额、偿还日期和偿还形式等。债券的偿还方式大致有期满时偿还、期满前偿还和延期偿还三种。

期满时偿还就是到期偿还，是指发行人于债券到期时偿还全部债券本金的方式。

期满前偿还又称期中偿还，分为定期偿还、任意偿还、买入注销、提前回售几种方式。定期偿还就是债券发行后，待规定的宽限期过后，发行人每半年或一年偿还部分债务，债务期满时，全部偿清。任意偿还是指债券发行后，待规定的宽限期过后，发行人可以自由决定偿还时间，任意偿还部分或全部债务。买入注销是指发行人将其发行的债券从二级市场或持有人处购回予以注销。提前回售是指投资者有权选择在到期日之前某一指定日期或几个不同的日期，按约定的价格，将债券回售给发行人。

延期偿还是指投资者有权延长债券的到期日，在债券到期后继续按原定利率一直持续到某一指定日期。

4. 票面利率

票面利率的高低会直接影响债券发行者的筹资成本。

5. 付息方式

发行者在选择债券付息方式时，应把降低筹资成本与增加债券对投资者的吸引力结合起来。

6. 发行价格

债券的发行价格是指债券投资者认购新发行的债券时实际支付的价格。在面值确定的情况下，调整债券发行价格的目的在于使投资者得到的实际收益率与市场收益率相同。

7. 收益率

债券的收益率是指投资者获得的收益与投资总额的比率。决定债券收益率的因素有利率、期限和购买价格。一般而言，收益率是投资者购买债券时考虑的首要因素。

8. 税收效应

债券的税收效应主要是指对债券的收益是否征税。通常政府债券免征收入所得税，其他债券则不一定。

9. 发行费用

发行费用是指债券发行者支付给有关债券发行中介机构、服务机构的各种费用，包括期初费用和期中费用。债券发行者应尽量减少发行费用，以降低发行成本。

10. 有无担保

发行的债券有无担保是债券发行的重要条件之一。由信誉卓著的第三者担保或用发行者的财产做抵押担保，有助于增强债券的安全性，减少投资风险。一般而言，政府、大型金融机构、大型企业发行的债券多是无担保债券，而那些信誉等级稍差的中小企业多发行有担保的债券。

（二）债券的信用评级

1. 信用评级的概念

债券的信用评级是指根据一定的指标体系对债券还本付息的可靠程度进行综合评定，并通过债券的等级指标将其表示出来。债券的信用等级对债券发行者、投资者和管理机构都具有重要意义。信用评级起始于美国，最著名的信用评级机构是穆迪公司、标准普尔公司和惠誉公司。

但需指出的是，债券信用等级是专业评级机构根据债券发行人提供的资料做出的客观评价，评级机构对评估结果并不承担法律责任。债券信用等级只对投资者起投资参考作用，没有向投资者推荐债券的含义。

2. 信用评级的目的和原则

信用评级的目的是将发行人的资信和偿债的可靠程度公布于众，以保护投资者的利益，供投资者决策参考。

债券评级并不是评价债券的市场价格、市场销路和投资收益，而是评价债券的发行质量、发行人的资信和投资者可能承受的风险。因此，应遵循的原则是债券发行人的偿债能力、发行人的资信和投资风险。

3. 信用评级的程序

信用评级的主要程序有以下几项。

（1）债券发行人或其代理机构向信用评级机构提出申请，并根据评级机构的要求提供详细的书面材料。

（2）评级机构与发行单位代表会面，就书面材料中的有关问题提出询问，必要时到发行单位现场考证。

（3）评级机构就书面材料和调查情况进行分析。分析的内容有：发行人在该行业中的地位；发行人的经营管理情况、审计制度、资本结构和运用状况及偿付能力；对发行人所属国家进行评价，分析政治风险和经济风险；发行人在国家政治经济中的地位。

（4）在调查分析的基础上，信用评级委员会通过投票决定发行人的级别，并与发行人联系，征求其对评级的意见。经其同意后最终决定评级结果。

（5）评级机构一旦决定了发行人的级别，一方面应通知评级申请人；另一方面应将评级结果汇编成册，公开发行。

（6）评级机构根据评级申请人的财务经营活动情况定期调整债券级别。

信用评级的划分及等级定义

信用评级起始于美国，其中最著名的是穆迪、标准普尔和惠誉提供的信用评级。

标准普尔的长期评级主要分为投资级和投机级两大类，投资级的评级具有信誉高和投资价值高的特点，投机级的评级则信用程度较低，违约风险逐级加大。投资级分为AAA、

AA、A、BBB，投机级则分为BB、B、CCC、CC、C、D。信用级别由高到低排列，AAA级具有最高信用等级；D级最低，视为对条款的违约。

从AA至CCC级，每个级别都可通过添加“＋”或“－”来显示信用高低程度。例如，在AA序列中，信用级别由高到低依次为AA^{+}、AA、AA^{-}。

此外，标准普尔还对信用评级给予展望，显示该机构对于未来（通常是6个月至2年）信用评级走势的评价。决定评级展望的主要因素包括经济基本面的变化，展望包括“正面”（评级可能被上调）、“负面”（评级可能被下调）、“稳定”（评级不变）、“观望”（评级可能被下调或上调）和“无意义”。

三、债券投资

（一）债券的投资收益

债券的投资收益来自两个方面：一是债券的利息收益，这是债券发行时就确定的，除保值贴补债券和浮动利率债券外，债券的利息收入不会改变，投资者在购买债券前就可得知；二是资本损益。

1. 债券利息

债券的利息收益取决于债券的票面利率和付息方式。票面利率的高低直接影响债券发行人的筹资成本和投资者的投资收益，一般由债券发行人根据债券本身的性质和对市场条件的分析来决定。一旦债券的票面利率得以确定，在债券的有效期内，无论市场发生什么变化，发行人都必须按确定的票面利率向债券持有人支付利息。债券的付息方式不仅影响债券发行人的筹资成本，而且影响投资者的投资收益。一般而言，利息的支付分为一次性付息和分期付息两大类。

2. 资本损益

债券投资的资本损益是指债券买入价与卖出价或买入价与到期偿还额之间的差额，当卖出价或到期偿还额大于买入价时，是资本收益；当卖出价或到期偿还额小于买入价时，是资本损失。投资者可以在债券到期时将持有的债券兑现或利用债券市场价格的变动低买高卖，从中取得资本收益，当然也有可能遭受资本损失。

（二）债券的投资收益率

债券的投资收益是债券投资者从事投资活动的报酬，也是投资的动力和最终目的。在进行债券投资时，投资者通常要对各种债券的收益进行全面比较，最后选择最佳收益的债券为投资对象。衡量债券收益的经济指标称作债券收益率，包括票面收益率、直接收益率、持有期收益率和到期收益率，这些收益率分别反映了投资者在不同买卖价格和持有年限下的不同收益水平。

1. 票面收益率

票面收益率又称名义收益率或息票率，是指债券票面上的固定利率，即债券年利息与债券面值之比。投资者如果将按面额发行的债券持有至期满，则所获得的投资收益率与票面收益率是一致的。计算公式是：

$$票面收益率=\frac{债券年利息}{债券面值}\times100\%$$

票面收益率只适用于投资者按票面金额买入债券直至期满，并按票面金额偿还本金这种情况，它没有反映债券发行价格与票面金额不一致的可能，也没有考虑投资者中途卖出债券的可能。

因此，票面收益率只是一种名义收益率，并不反映投资者的真正盈利率，因为只有在按票面价值出售债券时，债息才等于投资者的盈利率。但这种情况极少，债券总是受市场行情影响，以高于或低于票面价值出售，因而票面收益率并不是衡量债券投资收益的有决定意义的尺度，在实际投资决策时需要对这一指标进行修正。

2. 直接收益率

直接收益率又称当前收益率或本期收益率，是指债券的年利息与买入债券的实际价格之比。债券的买入价格可以是发行价格，也可以是流通市场的交易价格，它可能等于债券面额，也可能高于或低于债券面额。直接收益率的计算公式是：

$$直接收益率=\frac{债券年利息}{债券实际买入价格}\times100\%$$

直接收益率用实际的投资成本修正了票面收益率中的“债券面值”，反映了投资者的投资成本带来的收益。直接收益率对于那些从债券投资中获得一定利息收入的投资者来说很有意义。

但直接收益率也有不足。它和票面收益率一样，仍不能全面、准确地反映投资者的实际收益水平，因为它忽略了资本损益，既没有计算投资者买入价格与持有债券到期按面额偿还本金之间的差额，也没有反映买入价格与到期前出售或赎回价格之间的差额。

3. 持有期收益率

持有期收益率是指投资者买入债券后持有一段时间，又在债券到期前将其出售得到的收益率。它包括持有债券期间的利息收入和资本损益。计算方法有以下两种。

（1）息票债券的持有期收益率。计算公式为：

$$息票债券的持有期收益率=\frac{债券年利息+（债券卖出价-债券买入价）}{持有年限债券买入价}\times100\%$$

（2）一次还本付息的持有期收益率。计算公式为：

$$一次还本付息的持有期收益率=\frac{债券卖出价-债券买入价}{持有年限债券买入价}\times100\%$$

持有期收益率可以衡量债券投资者在持有债券期间的真实收益率，所以又称实际收益率。

4. 到期收益率

到期收益率又称最终收益率。一般的债券到期都会按面值偿还本金，所以随着到期日的临近，债券的市场价格会越来越接近面值。到期收益率同样包括利息收入和资本损益。

(1) 息票债券的到期收益率。计算公式为:

$$\text{息票债券的到期收益率}=\frac{\text{债券年利息}+(\text{债券面额}-\text{债券买入价})}{\text{到期年限债券买入价}}\times 100\%$$

(2) 一次还本付息的到期收益率。计算公式为:

$$\text{一次还本付息的到期收益率}=\frac{\text{债券面额}\times(1+\text{债券票面利率}\times\text{债券的有效年限})-\text{债券买入价}}{\text{持有年限债券买入价}}\times 100\%$$

四、基金交易

(一) 基金的类型

基金组织是指筹集、管理、运用某种专门基金的金融机构。基金组织起源于19世纪的英国，盛行于20世纪，特别是第二次世界大战后的美国。目前，世界各国，尤其是主要西方国家，基金组织是其现代金融机构体系的重要组成部分。

根据不同的标准，基金可以分为多种类型。

1. 开放型基金与封闭型基金

开放型基金是指在基金设立时，其规模不固定，投资者既可随时认购基金受益单位，也可随时向基金管理公司或银行等中介机构提出赎回基金单位的一种基金。封闭型基金是指在基金设立时，规定基金的封闭期限及固定基金发行规模，在封闭期限内投资者不能向基金管理公司提出赎回，基金的受益单位只能在证券交易所或其他交易场所转让。

开放型基金与封闭型基金的主要区别如下。

(1) 期限不同。封闭型基金通常有固定的封闭期，通常封闭期在5年以上，一般为10～15年。开放型基金则没有固定期限，投资者可以随时向基金管理公司或银行等中介机构提出赎回。

(2) 发行规模要求不同。封闭型基金的发行规模固定，并在封闭期限内不能再增加发行新的基金单位。开放型基金则没有发行规模限制，投资者认购新的基金单位时，其规模就增大；赎回基金单位时，其规模就减小。

(3) 转让方式不同。对于封闭型基金，在封闭期限内，投资者一旦认购了基金受益单位，就不能向基金管理公司提出赎回，而只能寻求在证券交易所或其他交易场所挂牌，交易方式类似股票及债券的买卖，交易价格受市场供求情况影响较大。开放型基金的投资者则可随时向基金管理公司或银行等中介机构提出认购或赎回申请，买卖方式灵活。

(4) 交易价格的主要决定因素不同。封闭型基金的交易价格是随行就市，不完全取决于基金资产净值，受市场供求关系等因素影响较大；开放型基金的价格则是完全取决于每单位资产净值的大小。

从海外尤其是发达国家或地区的基金业发展来看，通常先从封闭型基金起步，经过一段时间的探索，逐步转向发展开放型基金。鉴于我国国情，我国的投资基金业也是先选择封闭型基金试点，逐步发展到开放型基金，但开放型基金是我国今后发展的主流。

2. 货币基金、债券基金与股票基金

（1）货币基金是指以全球的货币市场为投资对象的一种基金。通常投资于银行短期存款、大额可转让存单、政府公债、公司债券、商业票据等。由于货币市场一般供大额投资者参与，因此，货币基金的出现为小额投资者进入货币市场提供了机会。货币基金具有投资成本低、流动性强、风险小等特点。

（2）债券基金是指将基金资产投资于债券，通过对债券进行组合投资，寻求较为稳定的收益。由于债券收益稳定，风险也较小，因此，债券基金的风险性较低，适合不愿过多冒险的稳健型投资者。但债券基金的价格也受到市场利率、汇率、债券本身等因素影响，其波动程度比股票基金低。

（3）股票基金是指以股票为投资对象的投资基金，这是所有基金品种中最流行的一种。与投资者直接投资于股票市场相比，股票基金具有流动性强、风险分散等特点。虽然股票价格会在短时间内上下波动，但其提供的长线回报会比现金存款或债券投资高，因此，从长期来看，股票基金收益可观，但风险也比货币基金、债券基金要高。

（二）我国的基金业

证券投资基金在我国属于新生事物，但在管理部门的大力扶植下，依托高速成长的新兴市场环境，在短短几年时间里获得了突飞猛进的发展。1997 年 11 月，国务院颁布《证券投资基金管理暂行办法》（已失效）；1998 年 3 月，基金金泰、基金开元设立。证券投资基金业从此进入崭新的发展阶段，其数量和规模迅速增长，市场地位日趋重要。开始试点的 1998 年，仅有 5 只基金，净值 107.4 亿元。截至 2023 年末，我国公募基金资产规模约 27.6 万亿元。

在基金规模快速增长的同时，基金品种创新呈加速趋势。一方面，开放型基金后来居上，逐渐成为基金设立的主流形式；另一方面，基金产品差异化日益明显，基金的投资风格也趋于多样化，除传统的成长型、混合型外，债券基金、收益型基金、价值型基金、指数基金、行业基金、保本基金、货币市场基金等纷纷问世。而中外合资基金的从无到有、数量逐渐增加更引人注目，中国基金业对外开放的步伐越来越快。

思考练习

1. 股票发行的基本形式有哪些？
2. 简述债券利率与期限之间的关系。
3. 简述证券交易所的基本特征。
4. 债券发行的基本条件有哪些？
5. 试比较股票票面价格、发行价格、账面价格、市场价格之间的区别。

第五章

金融市场

学习目标

掌握金融市场的概念、分类及功能。

了解我国金融市场的发展历史。

掌握货币市场和资本市场的特点和类型。

理解我国金融衍生品市场。

能够认识我国金融市场的现状和未来的发展方向。

熟悉货币市场的构成及其运作方式。

熟悉资本市场的构成及其运作方式。

能够充分理解金融市场的功能。

案例导入

小故事

发明家伊内兹设计了一种能够清扫房屋、洗车、割草的低成本机器人，但是他没有资金将这个奇妙的发明投入生产。沃尔特是一位有很多储蓄的单身老人，那些储蓄是他和妻子多年来积攒下来的。如果能够让伊内兹和沃尔特合作，那么，沃尔特就可以向伊内兹提供资金，伊内兹的机器人就可以生产出来并投入市场，社会福利水平就会改善，因为有了更加干净的住宅、更加光洁的汽车和更加漂亮的草坪。

金融市场（如股票和债券市场）与金融中介（像银行、保险公司和养老基金这些机构）最基本的功能就是融通资金以满足伊内兹和沃尔特的需求，帮助资金从那些拥有储蓄的人（如沃尔特）手中转移到那些资金短缺的人（如伊内兹）手中。

【思考】

（1）什么是金融市场？

（2）金融市场与普通商品市场的区别在哪里？

（3）伊内兹和沃尔特在金融市场上分别扮演了什么样的角色？

（4）金融市场的构成要素有哪些？

第一节 金融市场概述

一、金融市场的概念与特征

（一）金融市场的概念

金融市场是指资金融通的场所，是资金供给者和资金需求者双方通过信用工具进行交易从而融通资金的市场。在金融市场中，人们可以通过货币资金借贷、金融商品的交易等方式完成这一活动。

现代经济社会中，很多单位在经营活动中会出现资金的短缺情况，而同时社会上又存在一定数量的闲置资金，于是双方可以通过一定的方式进行资金的融通。资金的需求者可以获得所需资金，资金的供给者可以利用资金获得一定的收益，市场经济中的金融随即诞生。金

融市场是金融存在的媒介，是金融活动的场所，有金融活动就会形成金融市场。金融活动以两种形式表现出来：一是货币资金借贷，它是金融活动双方通过签订合同实现的货币资金融通，其活动对象直接是货币资金；二是金融商品交易，它是金融活动双方通过对金融商品的买卖来实现资金融通，其活动对象是金融商品（如股票、债券、基金、黄金、外汇等）。在金融商品交易中，金融商品卖方通过出售其持有的金融商品而获得货币资金，实现融资；买方通过支付货币资金而购入金融商品，实现投资或获得利息收入。

金融市场有广义和狭义之分。广义的金融市场泛指一切进行资金交易的市场，包括以金融机构为中介的间接融资和资金供求者之间的直接融资；狭义的金融市场仅限于资金供求者之间的直接融资，交易双方通过办理各种标准化的票据和有价证券的交易来达到融资的目的。本书主要分析的是狭义的金融市场。

（二）金融市场的特征

一般而言，现代金融市场有以下特征。

1. 金融市场具有非物质化的特征

非物质化首先表现为证券的转手并不涉及发行企业相应资产的变动；其次，在“纸张”上，金融资产的交易也不一定发生实物的转手，它常常表现为结算和保管中心有关双方账户上的证券数量和现金储备额的变动。金融产品交易的非物质化使得金融交易可以完全凭空进行。这种非物质化加速了金融产品的流动性。

2. 金融市场是信息市场

由于金融市场的核心内容——金融产品交易可以做到非物质化，那么信息方面就显得特别重要。金融市场事实上是一个信息市场，信息的发布、传递、收集、处理和运用成为金融市场上所有参与者都不能回避的竞争焦点。实际已经发生的事件的信息，还没有发生，甚至不知道会不会发生的事件的预期信息在金融市场中都非常重要。

3. 金融市场是一个自由竞争市场

由于各种各样的金融产品在本质上是完全一致的，它们都代表着一定量的价值或财富，它们之间存在着相互替代性，因此，在金融市场上对各种不同的金融产品的供给与需求在很大程度上是相通的，它们之间具有很强的竞争性。相对于一般商品市场，金融市场为供求竞争规律提供了更全面、更完整的条件。

二、金融市场的功能

金融市场可以发挥以下六个方面的功能。

（一）资金融通功能

资金融通是金融市场最基本的功能，通过这个功能可以有效筹集与调剂资金。金融市场通过各种金融商品的买卖，为融资双方提供了多种可供选择的机会，以适应广大公众不同的投资与融资行为，从而使资金盈余者获取收益，使资金需求者得到资金。金融市场为融资双方实现各自的目标创造了条件，提供了媒介。首先，金融市场为资金供给者和需求者提供了交易的场所；其次，金融市场拥有许多金融商品，供给者和需求者可以找到合适的融资方式或渠道；再次，金融市场为资金融通提供了合理的价格或利率；最后，金融市场集中了交易信息，提供了高效的网络或交易机制，降低了融资成本。

（二）资金积累功能

金融市场有利于闲散资金的集中与积累，有助于促使储蓄转化为投资，促进资本的形成。一方面，在金融市场上，大额的资金需求者可以通过面向社会以发行股票、债券、基金等方式筹措资金；另一方面，对于众多分散的小额资金盈余者而言，可以通过购买不同数量的股票、债券和基金等金融商品获得投资机会，实现投资收益。金融市场提供了风险、收益、期限等条件不同的金融商品，适应了不同个人及企事业单位的投资需求，满足了不同的投资收益和风险偏好，极大地促进了资金的积累和资本的形成。

（三）价格发现功能

金融市场的价格发现功能是指通过市场上交易双方的大量、持续交易而形成不同金融商品的市场价格。一般而言，金融商品的价格随着时间的变化而连续变化，金融商品的票面金额有时不能代表它本身的价值，只有在金融市场中通过买卖双方的交易过程才能真正发现金融商品的内在价值，金融商品的价格都是该时点上金融商品供求双方共同达成的均衡价格。金融市场的交易制度越健全，交易者数量越多，金融交易就越活跃，定价功能才能真正发挥作用，良好的定价功能有助于资源配置功能的实现。

（四）资源配置功能

资源配置功能是指金融市场合理引导资金流向，实现资源优化配置，提高资金的使用效率。金融市场上金融商品交易的实质是资金的流动。在市场信息渠道比较通畅的前提下，社会资金会朝着效益好、风险低的行业或企业流动，而资金的流动最终代表着社会经济资源的流动。社会资源是有限的，金融市场通过引导资金的合理流向，从而实现社会资源的优化配置。

（五）分散风险功能

通过金融市场交易可以实现风险的转移和防避，实现投资风险的分散。金融市场作为一种有组织的市场，具有完善的法规和制度、良好的法律保障、规范的市场交易行为，可在一定程度上降低信用和交易风险；金融市场为金融商品供给了流动性，增强了金融商品的交易转让能力，有利于金融风险的及时转移；金融市场提供了众多的金融商品，投资者可以根据

自己的风险承受力择优选择，或对金融商品进行组合投资，以降低和分散风险。

（六）宏观调控功能

金融市场被称为国民经济和企业价值的“晴雨表”，是国民经济及企业的信号系统。金融市场也是金融活动集中的地方，是国家进行宏观调控必须选择的场所和渠道。在经济发展需要之时，国家可以利用同业拆借市场、回购市场、外汇市场等，对经济发展进行宏观调控。在国家对金融市场的调控中，实施者主要是中央银行，调控对象主要是货币供求关系或利率、汇率水平，调控目的是通过金融市场上利率、汇率的变化引起金融市场主体的行为变化，进而引起整个社会经济主体的行为变化，从而调节国民经济的运行。

三、金融市场的构成要素

在金融市场中，资金供求双方构成了金融市场的参与主体，参与主体之间借助金融工具完成资金余缺的调剂。参与主体之间运用金融工具进行交易时，会形成一定的交易价格。不同的资金交易会在不同的场所进行，采取的组织形式也不相同。因此，金融市场的构成要素主要包括金融市场的主体、金融市场的客体、金融市场的交易组织形式、金融市场的交易价格等。

（一）金融市场的主体

金融市场的主体是指在金融市场上从事资金融通活动的当事人（也称为金融市场交易主体），主要是指资金的供给者、需求者及中介机构，包括政府机构、金融机构、企业和个人。

政府在金融市场上主要是资金需求者，在金融市场上主要是为了筹措资金。当政府为了弥补财政赤字或筹措建设资金，会在金融市场上通过发行政府债券方式达到筹资目的。

金融机构主要有中央银行、商业银行以及其他金融机构。中央银行既是金融市场上的资金供给者，又是金融市场上的资金需求者。中央银行在金融市场上既有买入又有卖出金融商品的行为，但是不管中央银行如何操作，都不是为了自身的收益，而是为了稳定金融市场，调控整个国家的经济，实现经济发展的既定目标。商业银行及其他金融机构是金融市场的主导力量，在金融市场上，金融机构既是资金的供给者，同时又是资金的需求者，通过不同的金融商品交易行为完成融资和投资活动。有些金融机构充当着资金需求者与资金供应者的中介，为金融商品的交易提供服务。

企业是金融市场的资金需求者与供给者，通过金融市场具体金融商品的交易行为达到融资与投资的主要目的，同时也通过金融市场来规避风险。

个人在金融市场上主要扮演投资者的角色，是资金供给者。个人可以根据自身的风险承受能力，选择相对应的金融商品进行投资。

（二）金融市场的客体

金融市场的客体又可称作金融市场的交易对象，即金融市场参与者进行交易的标的物——金融工具。例如，股票市场上交易的股票，债券市场上交易的债券，外汇市场上交易的各种外汇及外汇金融产品，黄金市场上交易的黄金，期货市场上交易的期货合约等，都是金融市场的客体。金融市场有众多的金融工具，金融工具种类和数量的多少及其交易的活跃度在一定程度上反映出金融市场的发展水平。

（三）金融市场的交易组织形式

金融市场的交易组织形式即市场的具体运作方式。有了交易的双方和交易对象，只是有了形成市场的可能性，还需要一种形式把交易双方联结起来，共同确定交易价格，达到转让交易对象的目的。金融市场的组织方式有场内交易方式、场外交易方式和无形、分散交易方式三种。

1. 场内交易方式

场内交易方式是指在特定的交易所内进行金融工具交易的组织方式。交易所有固定的场所，也有明确的交易制度，还有严格的交易管理和监管。场内交易方式经常采用公开竞价、交易系统撮合来完成交易过程，如证券交易所交易、期货交易所交易等。

2. 场外交易方式

场外交易方式是指通过金融机构的柜台进行金融商品交易的组织方式，又称为柜台交易方式。场外交易有自己的场所，但场所一般不固定，通常在金融机构的自设柜台完成交易，不像交易所那样有严格的交易组织机制，场外交易的价格通过交易双方自由协商而定。

3. 无形、分散交易方式

无形、分散交易方式的金融市场没有有形的场所，交易双方借助电子计算机网络或其他通信手段完成交易，市场交易价格由交易双方自由商定。

（四）金融市场的交易价格

金融市场的交易价格通常表现为各种利率、汇率和金融工具的交易价格。利率通过市场把各种金融工具的价格比较公平地反映出来。由于金融市场的价格与交易者的实际收益或成本密切相关，因此备受交易者的关注。

在金融市场中，价格机制发挥着极为重要的作用。在一个有效的金融市场上，价格能够及时、准确、全面地体现金融资产的价值，引导资金自动流向高效率、高收益的部门，从而实现资源在整个经济体系中的优化配置。

金融市场的四个要素之间是相互联系、相互影响的。其中，金融市场的主体和金融市场的客体是构成金融市场最基本的要素，是金融市场形成的基础。金融市场的交易组织形式和

金融市场的交易价格是金融市场自然产生或必然伴随的，是不可或缺的构成要素。完善的中介机构和价格机制对促进金融市场的繁荣和发展具有重要的意义。

四、金融市场的类型

（一）按交易期限不同划分

按交易期限不同来划分，金融市场可以分为货币市场和资本市场。

货币市场即短期资金市场，是以期限在 1 年以内的短期金融资产为交易对象的市场。货币市场主要有同业拆借市场、回购协议市场、国库券市场、票据市场、大额可转让定期存单市场等。

资本市场即长期资金市场，是以期限在 1 年以上的长期金融资产为交易对象的市场。资本市场主要有股票市场、债券市场，中长期信贷市场，基金市场等。资本市场一般具有期限长、风险大、收益高的特点。

（二）按交易性质不同划分

按交易性质不同来划分，金融市场分为一级市场和二级市场。

一级市场又称为发行市场或初级市场，是指金融资产的发行者将金融工具转让给投资者并获得资金的交易市场，一般是无形市场。

二级市场又称为流通市场或次级市场，是指已发行的金融资产流通转让的市场。二级市场的交易可以在场内市场完成，也可以在场外市场完成。场内交易市场又称为证券交易所市场或集中交易市场，是指由证券交易所组织的集中交易市场。场外交易市场又称为柜台交易市场或店头交易市场，是指在证券交易所外进行证券买卖的市场。它主要由柜台交易市场、第三市场和第四市场组成。

一级市场是二级市场存在的基础，反过来二级市场又能促进一级市场的发展。一级市场和二级市场紧密相连，互相依存，相辅相成，共同构成一个完整的金融市场。

（三）按中介特征不同划分

按中介特征不同来划分，金融市场分为直接融资市场和间接融资市场，如图 5-1 所示。

直接融资市场是指资金供给者与资金需求者通过一定的金融工具直接形成债权、债务关系的资金融通市场。在直接融资中，金融中介的作用是帮助资金供给者与资金需求者形成债权、债务关系，金融中介并不与资金供给者或者资金需求者之间形成债权、债务关系。

间接融资市场是指资金供给者与资金需求者通过金融中介间接实现资金融通的金融市场。在间接融资中，资金的供求双方不直接形成债权、债务关系，而是由金融中介分别与资金供求双方形成两个各自独立的债权、债务关系。对资金的供给者来说，中介机构是债务人；对

资金的需求者来说，中介机构是债权人。

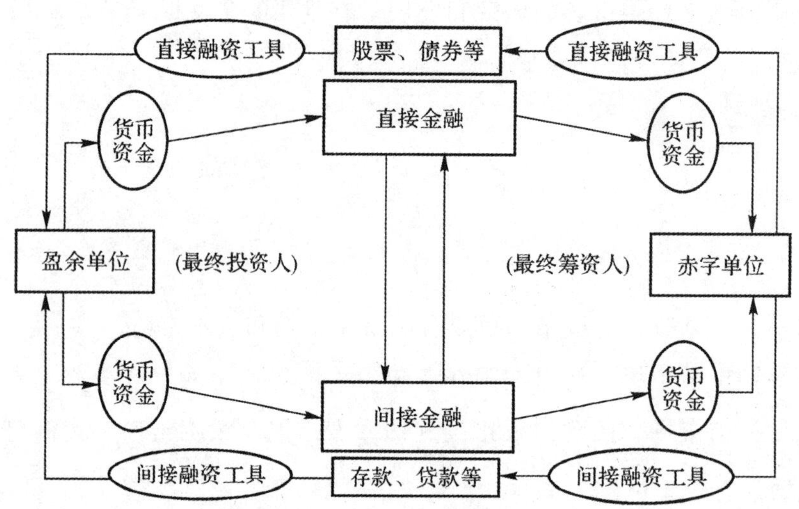

图 5-1　直接融资市场和间接融资市场

（四）按市场组织形态不同划分

按市场组织形态不同来划分，金融市场分为有形市场和无形市场。

有形市场又称为场内市场，是指在固定交易场所有严格交易规则的集中交易的市场，一般是指证券交易所、期货交易所、票据交换所等组织严密的特定交易场所。

无形市场又称为场外市场，是指无固定交易场所，在证券交易所外进行金融资产交易的总称。早期场外交易大多是在咖啡店或银行柜台进行，此类无形市场被称为店头市场或柜台市场。现在，其交易一般通过现代化的电信工具或计算机网络在各金融机构、证券商及投资者之间进行。无形市场是一个无形的网络，金融资产及资金可以在其中实现迅速转移。现在，大部分的金融资产交易均在无形市场中进行。

（五）按交割期限不同划分

按交割期限不同来划分，金融市场分为现货市场和期货市场。

现货市场是指融资活动成交后立即付款交割的市场。

期货市场是指投融资活动成交后按合约规定在指定日期付款交割的市场。

（六）按交易范围不同划分

按交易范围不同来划分，金融市场分为国内金融市场和国际金融市场。

国内金融市场是指市场交易范围限于一个国家的国内，它包括全国性金融市场和地方性金融市场。国际金融市场是指市场交易范围突破一个国家的界限，金融商品在不同国家进行交易的市场。国际金融市场主要集中于一些主要的国际金融中心，如纽约、伦敦、中国香港、新加坡等。

第二节 货币市场

一、货币市场的概念与特征

（一）货币市场的概念

货币市场是短期资金市场，是指融资期限在1年以下的金融市场，是金融市场的重要组成部分。货币市场所容纳的金融工具具有期限短、流动性强和风险小的特点，在货币供应量层次划分上被置于现金货币和存款货币之后，称为“准货币”。货币市场产生和发展的初始动力是为了保持资金的流动性，它借助各种短期资金融通工具将资金需求者和资金供应者联系起来，既满足了资金需求者的短期资金需要，又为资金盈余者的暂时闲置资金提供了获取盈利的机会。从微观角度分析，货币市场为银行、企业提供灵活的管理手段，使他们在资金的安全性、流动性、盈利性管理上更加方便灵活。从宏观角度分析，货币市场是整个金融体系流动性的重要渠道，为中央银行实施货币政策以调控宏观经济提供了场所，同时货币市场利率在整个利率体系中也占有重要地位。

（二）货币市场的特征

货币市场的特征体现在以下几点。

（1）期限短。货币市场期限最长为1年，最短为半天、1天，以3～6个月最多。

（2）流动性强。货币市场的流动性主要指金融工具的变现能力。货币市场交易时间短，变现的速度较快，变现容易实现，因此其流动性较强。

（3）参与者以机构为主。货币市场的参与者有机构（包括商业银行、中央银行、非银行金融机构、政府、非金融性企业）、个人及货币市场的专业人员（包括经纪人、交易商和承销商），但以机构为主。

（4）交易金额大且交易频繁。由于货币市场的参与者以机构为主，交易对手彼此之间有一定的了解，因此交易金额大且交易频繁。

（5）以无形市场为主。由于货币市场的参与者以机构为主，货币市场完全可以借助现代通信手段进行，因此它逐步形成了一个庞大的无形市场。

货币市场主要由同业拆借市场、回购协议市场、票据市场、大额可转让定期存单市场、短期政府债券市场、货币市场共同基金等构成。

二、同业拆借市场

（一）同业拆借市场的概念

同业拆借市场也称为同业拆放市场，是金融机构之间以信用方式进行短期货币资金借贷的市场。金融机构由于各种业务变化在一个营业日终了时，出现资金收支不平衡的情况，一些金融机构收大于支，另一些金融机构支大于收，资金短缺者要向资金盈余者融入资金以平衡收支，从而产生了金融机构之间进行短期资金相互拆借的需要。资金短缺者向资金盈余者借入款项，称为资金拆入；资金盈余者向资金短缺者借出资金，称为资金拆出。资金拆入大于资金拆出，称为净拆入；反之，资金拆入小于资金拆出，称为净拆出。这种金融机构之间进行资金拆借活动的市场被称为同业拆借市场。

同业拆借的资金主要用于弥补银行短期资金的不足、票据清算的差额以及解决临时性资金短缺需要，是金融机构之间进行短期、临时性头寸调剂的市场。

头寸是中国传统的商业金融用语，指款项。如果银行当日全部收入款项大于付出款项，称为多头寸；如果付出款项大于收入款项，称为缺头寸；对头寸盈余和短缺进行预计，叫作轧头寸。

（二）同业拆借市场的特点

同业拆借市场的特点包括以下几点。

（1）对融资主体资格的限制。能进入拆借市场进行资金融通的双方必须是具有准入资格的金融机构。这些金融机构从最初的商业银行扩展到其他所有经批准的、有资格的金融机构。

（2）融资期限较短。拆借期限按日计算，有1日、2日、5日、7日不等，一般不超过1个月，最短的只有半日，更长期限的交易大多采用其他金融工具进行。

（3）交易额较大。同业拆借市场是为了满足金融机构之间的需要而建立的，每笔交易数额通常较大，而且大多不需要抵押或担保。

（4）利率由供求双方议定。同业拆借市场上的利率由双方经过讨价还价后协商议定，能够客观地反映市场资金的供求变化。由于参与者均是金融机构，信用较高且期限较短，因此利率水平较低。

（5）参与拆借的机构在中央银行开立有存款账户。参与拆借的机构在中央银行开立有存款账户，同时拆借交易的资金主要是金融机构存放在该账户上的多余资金。

拓展阅读

上海银行间同业拆放利率简介

上海银行间同业拆放利率（简称 Shibor），以位于上海的全国银行间同业拆借中心为技术平台计算、发布并命名，是由信用等级较高的银行组成报价团自主报出的人民币同业拆出利率计算确定的算术平均利率，是单利、无担保、批发性利率。目前，对社会公布的 Shibor 品种包括隔夜、1 周、2 周、1 个月、3 个月、6 个月、9 个月及 1 年，见表 5-1。

Shibor 报价银行团现由 18 家商业银行组成。报价银行是公开市场一级交易商或外汇市场做市商，在中国货币市场上人民币交易相对活跃、信息披露比较充分的银行。中国人民银行成立 Shibor 工作小组，依据《上海银行间同业拆放利率（Shibor）实施准则》确定和调整报价银行团成员、监督和管理 Shibor 运行、规范报价行与指定发布人行为。每个交易日根据各报价行的报价，剔除最高、最低各 4 家报价，对其余报价进行算术平均计算后，得出每一期限品种的 Shibor，并于 11：00 对外发布。

表 5-1　上海银行间同业拆放利率（Shibor）2020-06-24 11：00

期限	Shibor/%	涨跌 BP（基点）
O/N（隔夜）	1.5400	43.10 ▼
1W（1 周）	2.1730	2.30▲
2W（2 周）	2.2840	13.50 ▼
1M（1 个月）	2.0980	1.80▲
3M（3 个月）	2.1210	1.20▲
6M（6 个月）	2.1600	0.80▲
9M（9 个月）	2.2800	1.50A▲
1Y（1 年）	2.3440	1.90▲

三、回购协议市场

（一）回购协议市场的概念

回购协议市场是指通过回购协议进行短期资金融通交易的市场，在形式上表现为附有条件的证券买卖市场。回购协议是指在出售证券（债券、股票）等金融资产时签订协议，约定在一定期限后按原定价格或约定价格购回所卖证券，以获得即时可用资金；协议期满时，再以即时可用资金作相反交易。我国的回购协议仅限制于国债，回购协议的期限从一日到数月不等。回购市场的参与人主要是银行等金融机构。

回购市场活动由正回购方与逆回购方组成。正回购方是资金的借入方，即资金短缺者在卖出某种证券得到资金的同时，约定于未来某一日再以事先约定的价格将同种证券购回的交易。逆回购方是资金的借出者，即资金盈余者在买入某种证券借出资金的同时，约定于未来某一日再以事先约定的价格将同种证券卖出的交易。

（二）回购协议市场的特征

回购协议市场的主要特征包括以下几项。

（1）流动性强。协议多以短期为主。

（2）安全性高。交易场所为规范性的场内交易，交易双方的权利、责任和义务都有法律保护。

（3）收益稳定且较银行存款收益高。回购利率是市场公开竞价的结果，一般可获得平均高于银行同期存款利率的收益。

（4）融入资金免交法定存款准备金，成为银行扩大筹资规模的重要方式。

（三）我国回购协议市场

质押式回购（又叫封闭式回购）是指交易双方以债券为权利质押所进行的短期资金融通业务。在质押式回购交易中，资金融入方（正回购方）在将债券出质给资金融出方（逆回购方）融入资金的同时，双方约定在将来某一日期，由正回购方向逆回购方返还本金和按约定回购利率计算的利息，逆回购方向正回购方返还原出质债券。在质押式回购交易过程中所有权不发生转移，该券一般由第三方托管机构进行冻结托管，并在到期时予以解冻。

买断式回购（又叫开放式回购）是指资金融入方（正回购方）将债券卖给资金融出方（逆回购方）融入资金的同时，交易双方约定在未来某一日期，由正回购方再以约定价格从逆回购方买回相等数量同种债券的融通交易行为。在买断式回购交易过程中所有权发生转移，而且在资金周转过程中还可将标的券另行正回购，以便进行再融资。

我国回购市场的发展始于1991年，全国证券交易自动报价系统（STAQ系统）于1991年7月宣布试办国债回购交易。1997年6月，银行间的回购交易从交易所市场退出，正式纳入全国银行间同业拆借市场。2004年5月，银行间市场率先推出买断式国债回购新品种，在国债交易回购中引入“做空”机制。目前，我国在上海和深圳的两个证券交易所以及全国银行间同业拆借市场开展了回购交易。2019年，质押式回购累计成交810.1万亿元，同比增长14.3%；买断式回购累计成交9.5万亿元，同比下降31.9%。我国债券回购市场已经成为市场参与者进行短期融资和流动性管理的场所，成为央行进行公开市场操作、实现货币政策传导的重要平台。

四、票据市场

（一）票据市场的概念

票据市场是指在商品交易和资金往来过程中产生的以汇票、本票和支票的发行、承兑、贴现、转贴现、再贴现来实现短期资金融通的市场。银行承兑汇票市场和商业票据市场是票据市场的最主要的两个子市场。

（二）票据市场的分类

银行承兑汇票市场是专门交易银行承兑汇票的场所。市场的参与者主要是承兑银行、市场经纪人和投资者。银行承兑汇票市场由发行市场和二级市场构成。发行市场的票据行为有出票和承兑，二级市场上有贴现、转贴现和再贴现。

商业票据是指由金融公司或某些信用较高的企业开出的无担保短期票据。商业票据的可靠程度依赖发行企业的信用程度，可以背书转让，但一般不能向银行贴现。商业票据的期限在9个月以下，由于其风险较大，利率高于同期银行存款利率，因此商业票据可以由企业直接发售，也可以由经销商代为发售，但对出票企业信誉审查十分严格。商业票据市场是货币市场中历史最悠久的短期金融市场，主要是指商业票据的流通及转让市场，包括票据承兑市场和票据贴现市场。

我国现在的商业票据绝大部分是银行承兑票据。票据贴现市场的规模小，贴现市场不发达的原因主要是用于贴现的票据少，并且质量不高，但随着我国金融业的发展，贴现市场必将进一步扩大。

（三）有关贴现的概念

1. 出票和承兑

出票是创设票据，是票据活动中的最初始的行为；可以说作为有价证券的票据，是基于出票行为而诞生的；其他票据关系也是基于出票行为开始的。《中华人民共和国票据法》规定：出票是指出票人签发票据并将其交付给收款人的票据行为。出票由做成票据和交付票据两项行为构成。

承兑即承诺兑付，是付款人在汇票上签章表示承诺将来在汇票到期时承担付款义务的一种行为。承兑行为是针对汇票而言的，并且只是远期汇票才可能承兑。本票、支票和即期汇票都不可能发生承兑。

2. 银行承兑汇票的贴现

银行承兑汇票的贴现是指银行承兑汇票的贴现申请人由于资金需要，将未到期的银行承兑汇票转让给银行，银行按票面金额扣除贴现利息后，将余额付给持票人的一种融资行为。

3. 银行承兑汇票的转贴现

银行承兑汇票的转贴现是指银行承兑汇票的贴现银行将已贴现未到期的汇票再转让给其他商业银行的融资行为。

4. 银行承兑汇票的再贴现

银行承兑汇票的再贴现是指商业银行将已贴现未到期的汇票转让给中央银行的融资行为。贴现、转贴现和再贴现的关系如图 5-2 所示。

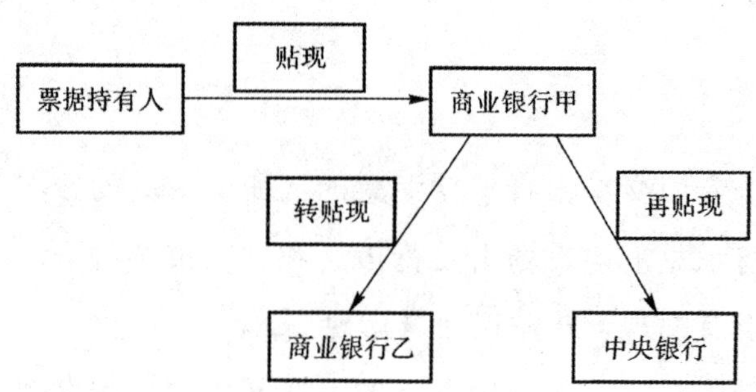

图 5-2　贴现、转贴现和再贴现的关系

（四）贴现利息的计算

实付贴现金额是指银行实际付给贴现人的金额，由票据到期值、贴现期和贴现率三个因素决定。票据到期值一般按票据的票面金额核定。贴现期是贴现人申请贴现之日起至票据到期日之间的期限。贴现率是贴现息与票面金额的比率，主要受市场利率水平、汇票的信用级别、贴现期限、市场供求关系等因素的影响。贴现利息及实际贴现额的计算公式如下：

$$票据到期值=票据面值\times（1+利率）$$

$$贴现利息=票据到期值\times贴现率\times\frac{贴现天数}{360}$$

$$实付贴现金额=票据到期值-贴现利息$$

五、大额可转让定期存单市场

（一）大额可转让定期存单的概念

大额可转让定期存单市场是发行与流通大额可转让定期存单的市场。大额可转让定期存单（CDs）是由银行发行的有固定面额、固定期限，可以流通转让的大额存款凭证。CDs 是存款人在银行的存款证明。

1961 年，花旗银行发行了全球第一张 CDs，面额为 10 万美元。当时，美国政府对银行的存款利率规定了上限，使得商业银行的存款利率经常低于市场利率，其中短期存款的利率

（如 1 个月存款利率）尤其低，导致银行难以吸收到资金。为了吸引客户，商业银行开始推出大额可转让定期存单。存单的期限相对较长，如 3 个月、6 个月、1 年等。可转让大额定期存单的出现提高了商业银行市场竞争力，是半个世纪以来商业银行的一项重要的金融创新。

（二）大额可转让定期存单的特征

CDs 的特征包括以下几点。

（1）大额存单不记名，可流通转让。

（2）大额存单面额固定且较大。

（3）大额存单利率比较高，比同期的普通存款利率高，也比同期的国库券利率高。

（4）大额存单由于面额较大（如美国以 10 万～100 万美元面额的居多），通常由企业等机构投资者购买。

（5）大额存单期限短，大多为 3～6 个月，最短为 14 天，最长不超过 1 年。

（三）我国的大额可转让定期存单市场

1986 年，交通银行、中国银行以及中国工商银行相继发行大额可转让定期存单。中国人民银行于 1989 年首次颁布《大额可转让定期存单管理办法》（已于 2015 年废止），允许最高利率上浮幅度为同类存款利率的 10%，致使存款出现“大搬家”情况。1997 年 4 月，我国决定暂停大额可转让定期存单的发行。2015 年 6 月 20 日，中国人民银行发布《大额存单管理暂行办法》，决定恢复大额存单发行。首批大额存单在工、农、中、建、交等 9 家银行发行。

六、短期政府债券市场

短期政府债券是指由国家财政部、地方政府、政府代理机构发行的短期债券，是政府承担责任的短期信用凭证。其期限为 3 个月、6 个月、9 个月、12 个月。

目前，我国短期政府债券主要有短期国债和中央银行票据两类。短期国债是指中央政府发行的短期债券；中央银行票据是指由中国人民银行发行的短期债券，是中央银行为调节商业银行超额准备金而向商业银行发行的短期债务凭证，其实质是中央银行债券。

七、货币市场共同基金

货币市场共同基金（MMMFs）是美国 20 世纪 70 年代以来出现的一种新型投资理财工具。它是指将众多的小额投资者的资金集合起来，由专门的经理人进行市场运作，主要投资于货币市场，赚取收益后按一定的期限及持有的份额进行分配的一种金融组织形式。

第三节　资本市场

一、资本市场的概念与特征

（一）资本市场的概念

资本市场是指期限在1年以上长期资金借贷和有价证券交易的场所。在资本市场上，发行主体所筹集的资金大多用于扩大再生产。资本市场上的交易对象是1年以上的长期证券。因为在长期金融活动中，涉及资金期限长、风险大，具有长期较稳定的收入，类似资本投入，故称为资本市场。资本市场包括股票市场、债券市场、基金市场等。

（二）资本市场的特征

资本市场的特征包括以下几点。

（1）融资期限长。资本市场的融资期限至少1年以上，最长可达数十年，甚至是永久性凭证。

（2）流动性相对较差。在资本市场上所筹集的资金多用于解决中长期融资需求，充实固定资产，因此流动性相对较差。

（3）风险大且收益较高。由于资本市场上融资期限较长，金额数量大，因此发生重大变故的可能性较大，市场价格容易波动，投资者需要承受较大的风险；同时作为对风险的报酬，其收益也较高。

二、股票市场

股票市场是指股票发行和转让流通的场所，包括股票发行市场和股票流通市场。

（一）股票发行市场

股票发行市场是指股份有限公司直接或通过中介机构向投资者出售新发行的股票的市场。股票发行市场又称为一级市场、初级市场。所谓新发行的股票包括初次发行和再次发行的股票。前者是公司第一次向投资者出售的原始股，后者是在原来股本的基础上增加新的份额。

新股份公司的成立和老股份公司的增资都要借助发行市场销售股票来筹集资金，使资金从盈余者手中转入短缺者手中，从而使社会闲散资金转化为投资，增加社会总资本和生产能力，以促进社会经济的发展。

1. 股票发行

确定股票的发行价格很重要。股票的发行价格过高，会使股票的发行数量减少，进而使股份公司不能筹到所需资金，股票承销商也会遭受损失；股票的发行价格过低，股票销售虽比较容易，但股份公司却会蒙受损失。

股票的发行价格一般有以下三种。

（1）平价发行：按照股票面值的价格发行。

（2）溢价发行：按照超过股票面值的价格发行。

（3）折价发行：按照低于股票面值的价格发行。

目前，《中华人民共和国公司法》规定股票发行价格不得低于股票面额。

2. 股票的发行方式

股票的发行方式一般可分为公募发行和私募发行。

（1）公募发行。公募发行是指面向市场上大量的非特定的投资者公开发行股票。其优点是可以扩大股票的发行量，筹资潜力大；还可以扩大股东的范围，分散持股，防止囤积股票或被少数人操纵。这种发行方式有利于提高公司的社会性和知名度，为以后筹集更多的资金打下基础，也可增加股票的适销性和流通性。公开发行可以采用股份公司自己直接发售的方法，也可以支付一定的发行费用通过金融中介机构来发行。

（2）私募发行。私募发行是指面向少数特定的投资者发行股票。其优点是可以节省委托中介机构的手续费，降低发行成本；还可以调动股东和内部的积极性，巩固和发展公司的公共关系。但这种不公开发行的股票具有流动性差，不能公开在市场上转让出售，因向投资者提供特殊优厚条件而使发行者的经营管理易受干预等缺点。

3. 股票的销售方式

股票的销售是指将股票推销给投资者。销售股票的方法有两种：一是发行人自己销售，称为自销；二是委托他人代为销售，称为承销。大部分情况下以承销为主。

承销是指委托专门的股票承销机构销售股票。股票承销机构即承销商在我国一般是指证券公司。按照发行风险的承担、所筹资金的划拨以及手续费的高低等因素划分，承销方式又有包销和代销两种。

（1）包销。包销是指承销商将发行人的股票按照协议全部购入，或者在承销期结束时将售后剩余股票全部自行购入的承销方式。包销可分为全额包销和余额包销两种。

①全额包销是指由承销商先全额购买发行人该次发行的股票，再向投资者发售，由承销商承担全部风险的承销方式。

②余额包销是指承销商按照规定的发行额和发行条件，在约定的期限内向投资者发售股

票，到销售截止日未售出的股票由承销商认购，并按约定时间向发行人支付全部股票款项的承销方式。

由于承销商一般有较雄厚的资金，可以预先垫支，以满足上市公司急需大量资金的需要，因此上市公司一般愿意将其新发行的股票采用包销方式。如果上市公司股票发行的数量太大，由一家证券公司包销有困难，还可以由几家证券公司联合起来包销。

(2) 代销。代销是指承销商代发行人发售股票，在承销期结束时将未售出的股票全部退还给发行人的承销方式。证券公司代销证券只向上市公司收取一定的代理手续费。

(二) 股票流通市场

股票流通市场是指已经发行的股票进行流通转让的市场，又称作二级市场、次级市场。股票流通市场包括场内市场和场外市场两部分。

(1) 场内市场。场内市场即交易所市场，是股票流通市场的最重要的组成部分，是二级市场的主体。这种市场是指交易所会员、证券自营商或证券经纪人在证券市场内集中买卖上市股票的场所。场内市场具有固定的交易所和固定的交易时间，接受和办理符合有关法律规定的股票上市买卖，在市场上通过经纪人进行自由买卖、成交、结算和交割。目前，我国交易所有上海证券交易所和深圳证券交易所。

(2) 场外市场。场外市场又称为柜台市场，是指在证券交易所之外进行证券交易活动的市场。它与交易所共同构成一个完整的证券交易市场体系。在场外市场，每个证券商大多同时具有经纪人和自营商双重身份，随时与买卖证券的投资者通过直接接触或电话、电报等方式迅速达成交易。从交易效率的角度看，证券交易所要优于场外交易市场，但从交易的种类和灵活性来说，证券交易所不能取代场外交易市场。从整个市场结构来看，两者互为补充，不可偏废。

深圳证券交易所

深圳证券交易所（以下简称深交所）于1990年12月1日开始营业，是经国务院批准设立的全国性证券交易场所，受中国证监会监督管理。深交所履行市场组织、市场监管和市场服务等职责，主要包括提供证券集中交易的场所、设施和服务，依法审核证券发行上市申请，组织和监督证券交易，对会员、上市公司及其他信息批露义务人进行监管，开展投资者教育和保护等。

深交所是实行自律管理的会员制法人，现有122家会员和2家特别会员。深交所立足服务实体经济和国家战略全局，经过30多年的发展，初步建立起板块特色鲜明、监管规范透明、运行安全可靠、服务专业高效的多层次资本市场体系。

三、债券市场

债券市场是指发行和买卖债券的场所。成熟的债券市场是一个国家金融体系中不可或缺的部分，是一个国家金融市场的基础。债券市场可以为整个社会的投资者和筹资者提供低风险的投融资工具，同时它也是传递中央银行货币政策的重要载体。

（一）债券发行市场

债券发行市场是指发行单位初次出售新债券的市场。发行单位基本是政府、金融机构、企业等资金需求者，这些资金需求者为筹措资金发行新债券，通过招投标或承销商将债券出售给投资人。

1. 债券发行价格

债券发行价格是指投资者认购新发行的债券实际支付的价格。债券的发行价格可以分为以下三种。

平价发行：债券的发行价格与面值相等。

折价发行：债券以低于面值的价格发行。

溢价发行：债券以高于面值的价格发行。

在面值一定的情况下，调整债券的发行价格可以使投资者的实际收益率接近市场收益率的水平。债券发行的定价方式以公开招标最为典型。

2. 债券发行运作过程

债券的发行与股票类似，不同之处主要有发行合同书和债券信用评级两个方面。同时，由于债券是有期限的，因而其一级市场多了一个偿还环节。

（1）发行合同书。发行合同书也称为信托契约，是说明公司债券持有人和发行债券公司双方权益的法律文件，由受托管理人代表债券持有人利益监督合同书中各条款的履行。债券发行合同书一般很长，其中各种限制性条款占很大篇幅。对于债券发行人来说，一旦资不抵债而发生违约，债权人的利益会受到损害，这些限制性条款就会用来保护债权人利益。

（2）债券信用评级。债券信用评级是指按一定的指标体系对准备发行债券的、还本付息的可靠程度作出公正客观的评定，并公布给投资者，以便投资者作出投资选择。除国债外，债券发行时往往要进行信用评级。由于受到时间、知识和信息的限制，广大投资者尤其是中小投资者无法对众多债券进行分析和选择，所以专业的信用评级机构作出的公正、权威的资信评级成为投资者衡量其投资风险及评估其投资价值的最主要依据。目前，国际上公认的最具权威的信用评级机构主要有美国的标准普尔公司、穆迪投资服务公司和惠誉国际信用评级有限公司。这些信用评级机构大都是独立的私人企业，不受政府控制，也独立于证券交易所甚至证券业之外。评级机构必须对自己的信誉负责，如果评出的级别不准确、不公正，不能被市场接受，那么评级机构的声誉将受到致命打击，不仅无法营利，甚至无法继续生存。

（3）债券的偿还。债券的偿还一般可分为定期偿还和任意偿还两种方式。

定期偿还是指在经过一定宽限期后，每过半年或一年偿还一定金额的本金，到期时还清余额，一般适用于发行数量巨大，偿还期限长的债券。这种方式比较简单，发行时就明确偿还时间。

任意偿还是指债券发行一段时间（称为保护期）后，发行人可以任意偿还债券的一部分或全部，具体操作可根据早赎或以新偿旧条款，也可在二级市场上买回予以注销。

（二）债券流通市场

债券流通市场是指已发行的债券在投资者之间买卖的场所。

1. 债券交易方式

债券交易方式主要有现货交易、期货交易和回购交易。

（1）现货交易。现货交易是指债券买卖成交后，按成交价格及时进行实物交收和资金清算的交易方式。现货交易一般在成交的当日、次日或交易所指定的例行日进行交割。这是证券交易所采用的最基本、最常见的交易方式。

（2）期货交易。期货交易是指买卖双方约定在将来某个日期按成交时双方商定的条件交割一定数量某种商品的交易方式。期货交易只能在期货交易所进行。

（3）回购交易。回购交易是指交易者在卖出（或买入）债券的时候，事先约定到一定期间后按规定的价格再买回（或卖出）同一品种的债券。其实质是一种以债券作质押的短期资金的借贷交易。

2. 债券交易价格

债券发行后的交易价格受到多种因素的影响。

（1）市场利率。债券的市场价格和市场利率呈反方向运动。若市场利率上升，超过债券票面利率，则债券持有人将以较低价格出售债券，将资金转向其他收益率较高的金融资产，从而引起债券的需求减少，价格下降；反之，若市场利率下降，债券票面利率相对较高，则资金流向债券市场，引起债券价格上升。

（2）物价水平。当通货膨胀率较高时，人们出于保值的考虑，一般会将资金投资于房地产、黄金、外汇等可以保值的领域，从而引起债券需求量减少，债券价格下跌。

（3）经济发展情况。债券价格会伴随社会经济发展的不同阶段而波动。在经济景气阶段，企业会增加投资，从而增加对资金的需求，因此对债券的需求会减少而供应增加，这样必然会使债券价格下降；相反，在经济衰退阶段，对债券的需求会增加而供给减少，于是债券价格上升。

（4）中央银行的公开市场操作。为调节货币供应量，中央银行于信用扩张时在市场上抛售债券，引起债券价格下跌；而当信用萎缩时，中央银行又从市场上买进债券，引起债券价格上涨。

四、基金市场

基金市场是指进行基金交易的场所，是资本市场的重要组成部分，也是证券市场发展到一定阶段的必然趋势。基金市场的发展壮大对我国资本市场和宏观经济发展有着非常重要的作用，对拓宽投资渠道，增加企业融资渠道，保障证券市场平稳运行，为社会保障资金提供安全的投资渠道等方面有着积极的作用。

（一）证券投资基金的概念

证券投资基金是指一种利益共享、风险共担的集合证券投资方式，即通过发行基金份额集中投资者的资金，由基金托管人托管，由基金管理人管理和运作，以组合投资方式进行证券投资，所得收益按出资比例由投资者分享的投资工具。

证券投资基金在不同国家或地区的称谓有所不同，如在美国称为“共同基金”，在英国称为“单位信托基金”，在日本称为“证券投资信托基金”，目前在我国大陆则称为“证券投资基金”。

（二）证券投资基金的特征

证券投资基金的特征包括以下几点。

1. 集合投资，降低成本

证券投资基金将众多投资者的小额资金集中起来，表现出集合投资的特点。单个投资者由于资金规模较小，在投资时往往交易量较小，导致较高的交易成本。而证券投资基金可以发挥资金的规模优势，显著地降低交易成本，从而使投资者也能实现与机构投资者类似的规模收益。

2. 组合投资，分散风险

现代证券投资理论表明，组合投资可以规避分散风险。中小投资者如果要投资多种证券，可能会为资金规模所限，或者会有高额的交易成本。证券投资基金则可以同时投资于数十种甚至数百种证券，使基金所持有的证券组合的风险充分分散。

3. 专家管理，服务专业

证券投资基金由专业的基金管理人进行投资管理。这些专业人士在信息、经验、时间、研究能力和投资技巧等方面更具有优势。同时，证券投资基金从发行、交易、申购、赎回到收益分配和再投资都有专门的机构负责办理。因此，基金投资者能享受到专业化的投资管理和服务所带来的好处。

4. 监管严格，信息透明

证券投资基金拥有较大的资金量，其交易行为会对市场产生一定的影响，因此各国的法律、法规都对基金业实行严格的监管。基金发起人、管理人、托管人的资格和职责，基金的投资对象和数量，基金的交易行为都会受到一定的限制。

5. 实行托管制度

证券投资基金的管理人只负责基金的投资运作，并不负责基金财产的保管。基金财产则由独立于基金管理人的基金托管人负责保管。资产管理和财产保管相分离使基金管理人和基金托管人能相互监督、相互制衡，从而减少损害基金持有人利益的行为。

（三）证券投资基金的类型

1. 按组织形式划分

按组织形式划分，证券投资基金可分为契约型投资基金和公司型投资基金。

契约型投资基金也称为信托投资型基金，是根据一定的信托契约原理，通过发行受益凭证来筹集资金，由基金发起人和基金管理人、基金托管人订立契约而组建的投资基金。

公司型投资基金是依据公司法组成的、以营利为目的并投资于特定对象的股份制投资公司。实质上，它是由具有共同投资目标的投资者组成的、以营利为目的的股份制投资公司，即基金发起人所组织的投资公司的性质是股份有限公司，其设立程序和组织结构与一般股份公司类似。公司通过发行股份筹集资金，基金的投资者是公司股东，凭其持有的股份享有权益，履行义务。

2. 按运作方式划分

按运作方式划分，证券投资基金可分为封闭型基金和开放型基金。

封闭型基金是指设立基金时限定基金的发行总额，在初次发行达到预定的发行计划后，基金宣告成立，并加以封闭。在封闭期内不再追加发行新的基金份额，投资者也不能要求赎回。

开放型基金是指基金发行总额不固定，在基金按规定成立后，投资者可以在规定的场所和开放的时间内向基金管理人申购或赎回基金份额的基金。开放型基金有利于扩大基金的规模，并具有较强的流动性和变现能力。

3. 按投资对象划分

按投资对象划分，证券投资基金可分为股票基金、债券基金、混合基金、货币市场基金、指数基金、期货基金和期权基金等。

股票基金是指80%以上的基金资产投资于股票的基金。

债券基金是指80%以上的基金资产投资于债券的基金。

混合基金是指同时以股票和债券为投资对象的基金，预期收益高于债券基金，风险低于股票基金。

货币市场基金是指以货币市场上的短期有价证券，如国库券、商业票据、大额可转让存单、回购协议等为投资对象的投资基金。它具有收益稳定、流动性强、购买限额低、资本安

全性高等特点。

指数基金是20世纪70年代出现的基金品种，它采取被动投资方式，投资组合跟踪、复制所选取的特定指数进行投资。收益随指数变动，使投资者获得与市场平均收益相近的投资回报，风险能被有效分散，受到稳健投资者的欢迎。

4. 按基金的募集方式划分

按基金的募集方式划分，证券投资基金可分为私募基金和公募基金。

私募基金是仅仅向合格投资者（主要指抗风险能力较强的高净值人群）募集资金的基金，由于资金来源的投资者少，因此可以免除很多监管要求的信息披露义务。

公募基金是向全体投资者开放认购的基金，就是公开募集，如IPO（首次公开募股）、配股、增发等都是公开募集。银行吸收存款，其实也是广义的公募。2020年6月公募基金资产统计见表5-2。

表5-2 2020年6月公募基金资产统计

更新日期	类别	封闭式	开放式							合计
			股票基金	混合基金	货币市场基金	债权基金	CDII	其他	开放式合计	
2020年6月	基金数量/只	975.00	1262.00	2848.00	335.00	1615.00	162.00	—	6222.00	7197.00
	份额/亿份	17 710.49	10 231.84	18 559.93	75 677.60	28 624.19	1079.12	—	134172.68	151 883.17
	净值/亿元	18 835.43	15 382.81	26728.89	75 731.73	31 180.46	1184.61	—	1150 208.50	169 043.93

拓展阅读

阳光私募基金

阳光私募基金是借助信托公司发行的，经过监管机构备案，资金实现第三方银行托管，有定期业绩报告的投资于股票市场的基金，由投资顾问公司作为发起人、投资者作为委托人、信托公司作为受托人、银行作为资金托管人、证券公司作为证券托管人，依据《信托法》及《信托公司集合资金信托计划管理办法》发行设立的证券投资类信托集合理财产品。

（1）阳光私募基金与一般私募证券基金的区别主要在于规范化、透明化。因为借助信托公司平台发行能保证私募认购者的资金安全。

阳光私募基金主要投资于二级证券市场，定期公开披露净值，具有合法性、规范性。基金是由专业的投资顾问（阳光私募公司）发起，借助信托平台发行，资金实现第三方银行托管，证券交由证券公司托管，在国家金融监督管理总局的监管下，主要投资于股票市场的高端理财产品。阳光私募基金向特定高净值客户募集，业绩一般优于公募基金。

（2）阳光私募基金共有四方参与：阳光私募基金公司、信托公司、银行和证券公司。

阳光私募基金公司负责证券市场投资；信托公司是产品发行的法律主体，提供产品运作的平台并承担部分监管职责；银行作为资金托管人，保障投资者资金安全；证券公司作为证券托管方，保障证券的安全性。另外，除了通过信托平台发行，还有通过有限合伙企业、券商资管通道、公募基金一对一专户发行的阳光私募基金。

（3）阳光私募基金一般仅指以“开放式”发行的私募基金。所谓开放式，即基金认购者需要承担所有投资风险及享受大部分的投资收益，私募基金公司不承诺收益。私募基金管理公司的盈利模式一般是收取总资金2%左右的管理费和投资盈利部分的20%作为佣金收入，这种收费模式即是俗称“2-20”收费模式（2%管理费＋20%盈利部分提成）。这种2-20收费模式是私募基金国际流行的收费模型。“结构式”的阳光私募基金，就是指将受益人分为不同种类进行结构划分，比如将受益人划分为优先受益人和一般受益人，特别受益人和一般受益人，以此为基础来分配利益。认购阳光私募基金，一般至少在100万元以上，多则达到三四百万元。对于个别上亿元的巨额资金，投资顾问公司则推出大客户专项管理服务。

第四节　金融衍生品市场

金融衍生品市场是交易转让金融衍生工具的市场。金融衍生品市场的首要功能是避险，这是金融衍生品赖以存在和发展的基础。如果运用得当，可以规避风险，反之会是金融市场最大的风险来源。金融衍生工具是20世纪70年代以来国际金融创新浪潮和金融自由化的产物，其产生的最基本原因是规避风险；同时金融机构竞争加剧推动了其快速发展；新技术革命和科技进步为其提供了物质基础。

一、金融衍生工具的概念与特征

（一）金融衍生工具的概念

金融衍生工具又称为金融衍生品，是指在原生性金融工具（如股票、债券、货币等）基础上派生出来的金融工具或金融商品。金融衍生工具是交易双方通过对利率、汇率、股价等因素变动趋势的预测，约定在未来某一时间按照一定条件进行交易或选择是否交易的合约。它通常以合约的形式出现，合约的价值取决于相应的原生性金融工具的价格及其变化，合约通常包括远期合约、期货合约、期权合约和互换合约四种。

（二）金融衍生工具的特征

金融衍生工具的特征包括以下几点。

1. 跨期性

无论是哪一种金融衍生工具，都会影响交易者在未来一段时间内或未来某时点上的现金流，跨期交易的特点十分突出。这就要求交易双方对利率、汇率、股价等价格因素的未来变动趋势作出准确判断。

2. 杠杆性

金融衍生工具交易一般只需要支付少量的保证金或权利金就可签订大额的远期合约或互换合约。例如，期货交易保证金通常为合约金额的5%，期货交易者则可以控制20倍于所投资金额的合约资产，实现“以小博大”的效果。金融衍生工具的杠杆效应在一定程度上决定了它的高投机性和高风险性。

3. 虚拟性

投资金融衍生工具取得的收益并非来自相应的原生商品的增值，而是来自原生商品的价格变化。当原生商品是股票、债券等虚拟资本时，相应的衍生工具则更具有双重虚拟性。

4. 高风险性

金融衍生工具的杠杆性、虚拟性特征和表外业务决定了金融衍生工具必然与风险相伴随。金融衍生工具的交易后果取决于交易者对基础工具（变量）未来价格（数值）的预测和判断的准确程度。基础工具价格的变幻莫测决定了金融衍生工具交易盈亏的不稳定性，这是金融衍生工具高风险性的重要诱因。同时，金融衍生工具伴随着以下几种风险：交易中对方违约，没有履行所作承诺造成损失的信用风险；因资产或指数价格不利变动可能带来损失的市场风险；因市场缺乏交易对手而导致投资者不能干仓或变现所带来的流动性风险；因交易对手无法按时付款或交割可能带来的结算风险；因交易或管理人员的人为错误或系统故障、控制失灵而造成的运作风险；因合约不符合所在国法律而无法履行或合约条款遗漏及模糊导致的法律风险。

二、金融衍生工具的分类

金融衍生工具的分类方法很多，按照不同的标准，主要有以下几种分类。

一是根据基础资产不同分类。根据基础资产不同，可以将金融衍生工具分为股票衍生工具、利率衍生工具、货币或汇率衍生工具。

二是根据交易形式不同分类。根据交易形式即合约类型不同，可以将金融衍生工具分为远期合约、期货合约、期权合约和互换合约。

三是根据交易场所不同分类。根据交易场所不同，可将金融衍生工具分为场内金融衍生工具和场外金融衍生工具。场内金融衍生工具主要有期货合约、期权合约，场外金融衍生工具主要有远期合约和互换合约。

三、金融远期合约

（一）金融远期合约的含义

金融远期合约是指交易双方约定在未来某一确定时间，按照确定的价格买卖一定数量的某种金融资产的合约。在金融远期合约中，未来将买入标的物的一方称为多方，未来将卖出标的物的一方称为空方，合约中规定的未来买卖标的物的价格称为交割价格。

（二）金融远期合约的特点

金融远期合约的特点包括以下几点。

一是它是非标准化合约。远期合约标的资产的数量、种类及交割价格等都由交易双方议定。因此，远期合约具有鲜明的个性化特征，是一种非标准化的合约，往往只能适应特定交易双方的需要，难以形成有效的二级市场。

二是多数采用实物或现金交割。远期合约是由双方达成协议，如果要中途取消，必须经双方同意，因此，任何一方都不能单方面取消合约。大部分远期合约最后都以实物或现金方式交割。

三是主要在机构之间交易。由于缺乏统一的交易、清算系统和保证金机制，因此建立在信用交易基础之上的远期交易经常在存在频繁的业务往来、具有良好信用的大机构之间进行。

四是用于套期保值和风险控制。当某一机构持有一定数量的现货资产时，为规避该资产价格在未来下跌的风险，该机构可以通过远期合约卖出相应数量的资产，从而锁定了标的资产的未来价格。

（三）金融远期合约的种类

金融远期合约主要有远期外汇协议、远期利率协议等。下面主要介绍远期外汇协议。

远期外汇协议是指外汇买卖双方在成交时先就交易的货币种类、数额、汇率及交割的期限等达成协议，并用合约的形式确定下来，在规定的交割日双方再履行合约办理实际的收付结算。远期外汇协议的主要目的就是规避汇率风险，不论是有远期外汇收入的出口企业，还是有远期外汇支出的进口企业，都可以与银行订立远期外汇协议，按约定的价格在将来到期时进行交割，避免进口产品成本上升和出口销售收入减少所导致的损失，以控制结算风险。例如，国内某进口商 1 个月后有 1 000 万美元的外汇支付，它可以通过买进 1 个月远期美元 1 000 万来避险。

四、金融期货合约

20 世纪 70 年代，布雷顿森林体系崩溃后，固定汇率制转换为浮动汇率制，国际上金融风险持续增大，为了规避汇率风险金融期货产生了。金融期货合约最早出现在美国，目前不断创新开发出新的期货合约产品。

（一）金融期货合约的含义

金融期货合约是指由交易双方订立的，约定在未来某个日期以成交时所约定的价格交割一定数量的某种金融商品的标准化契约。

金融期货合约是期货交易的一种。金融期货合约的基础工具是各种金融工具（或金融变量），如外汇、债券、股票、价格指数等。所以金融期货合约是以金融工具（或金融变量）为基础工具的期货交易。

（二）金融期货的基本特征

期货交易是一种标准化的远期交易，远期交易本质上属于现货交易，是现货交易在时间上的延伸。远期交易与期货交易有许多相似之处，最突出的是两者均为买卖双方约定在未来某一特定的时间，以约定的价格买入或卖出一定数量的商品。远期交易是期货交易的雏形，期货交易是在远期交易的基础上发展起来的。两者的区别如下。

一是交易场所不同。远期交易是场外交易，期货交易是场内交易。

二是履约方式不同。远期交易的履约方式以实物交收为主；而期货交易有实物交割与对冲平仓两种，绝大部分的期货合约是通过对冲平仓的方式了结。

三是信用风险不同。远期交易由于单方违约或其他因素造成不能履约会给另一方带来较高的信用风险；而期货交易中以保证金为基础，实行每日无负债结算制度，信用风险极小。

四是保证金制度不同。期货交易买卖双方都必须交保证金，而远期交易一般不收取保证金。

五是合约形式不同。期货交易合约是标准化合约，其每份合约金额、交割日期都是标准的；而远期交易合约由买卖双方协商确定。

（三）金融期货市场的基本功能

一般来讲，成功运作的金融期货市场具有价格发现和套期保值两大功能。

1. 价格发现

由于期货交易是集中在交易所进行的，而交易所作为一种有组织、规范化的统一市场，集中了大量的买者和卖者，通过公开、公平、公正的竞争形成价格，基本上反映了真实的供求关系和变化趋势。与现货市场相比，期货市场价格对未来市场供求关系变动有预测作用，它可以把国内市场价格与国际市场有机地结合在一起。期货市场大大改进了价格信息质量，使远期供求关系得到显示和调整。期货市场信息是企业经营决策和国家宏观调控的重要依据。

2. 套期保值

套期保值是指投资者在现货市场和期货市场对同一种类的金融资产同时进行数量相等但方向相反的买卖活动，即在买进或卖出金融资产现货的同时，在期货市场上卖出或买进同等数量的该种金融资产期货，使两个市场的盈亏大致抵销，以达到防范价格波动风险的一种投资行为。之所以能够实现保值，是因为期货价格与现货价格存在着平行性和收敛性的关系。平行性是指期货价格与现货价格同方向变化，收敛性是指期货价格到期收敛于当时的现货价格。

同时，因为期货市场上有大量的投机者参与，他们根据市场供求变化的种种信息对价格走势作出预测，靠低买高卖赚取利润。这些投机者承担了市场风险，制造了市场流动性，使期货市场风险转移的功能得以顺利实现。

（四）金融期货市场的种类

根据交易的期货合约种类不同，金融期货市场分为外汇期货市场、利率期货市场和股票指数期货市场。

1. 外汇期货市场

外汇期货市场是指对外汇期货合约进行交易的市场。外汇期货合约是由交易所制定的一种标准化合约，在合约中对交易币种、合约金额、交易时间、交割月份、交割方式、交割地点等内容均有统一的规定，交易双方在外汇期货市场上通过公开竞价的方式达成合约中唯一没有规定的成交价格，从而完成外汇期货合约的买卖。

20 世纪 70 年代，布雷顿森林货币体系崩溃，固定汇率制转变成浮动汇率制，由于浮动汇率制度下汇率风险剧增，芝加哥商品交易所于 1972 年 5 月 16 日在该交易所内创建了外汇期货交易，使期货交易的对象从农产品、金属等实物扩展到金融商品。随后，西方主要发达国家相继效仿，目前外汇期货合约的种类及交易量发展得非常迅速，外汇期货市场成为规避外汇风险一个很有效的中心市场。

2. 利率期货市场

利率期货市场是指对利率期货合约进行交易的市场。利率期货合约是指由交易双方订立的，约定在未来某日期以成交时确定的价格交收一定数量的某种利率相关资产（如各种债务凭证）的标准化契约。

20 世纪 70 年代中期以来，西方各国纷纷推行金融自由化政策，以往的利率管制得以放松甚至取消，导致利率波动日益频繁且剧烈。面对日益上升的利率风险，利率期货应运而生。目前，利率期货已成为全球期货商品的主流。

3. 股票指数期货市场

股票指数期货市场是指对股票指数期货合约进行交易的市场。股票指数期货合约是指在期货市场上以股票价格指数作为基础的标准化期货合约。

股票指数期货的产生源于股票市场价格波动的风险。股票价格经常剧烈的波动会给股票投资者带来巨大的风险，为了减轻股价波动带来的风险，同时也为一些无力从事股票交易的投资者提供机会，以股票指数为交易对象的期货应运而生，股票指数期货便在全球范围内开展起来。

五、金融期权合约

（一）金融期权合约的含义

期权又称为选择权，是指买方支付权利金后获得一种权利，即可以在规定期限内按买卖双方约定的价格购买或出售一定数量某种资产的权利。若期权交易的标的资产是金融产品，该期权合约就属于金融期权合约。

期权买方为了获得这个权利必须向期权卖方支付一定的费用，此费用被称为权利金或者期权费。金融期权成交后，买方以支付期权费为代价，拥有在约定期限内以约定价格购买或出售一定数量某种金融资产的权利，而不用承担必须买进或卖出的义务；卖方收取期权费后，在约定期限内必须无条件服从买方的选择并履行成交时的许诺。

期权交易是以选择权为交易对象的买卖，而不是现实金融资产的买卖。尽管在期权成交时双方已就可能发生的现实金融资产的成交价格达成协议，但这种交易是否发生，取决于期权买方的选择。

（二）期权交易的特征

期权交易的特征包括以下三点。

一是期权交易是权利金的交易。买方获得的权利是以权利金的付出为代价的，权利金付出就不能收回。

二是买方与卖方的权利和义务不对等。买方拥有权利，买方的权利是可以选择的，可以执行，也可以放弃；卖方只有义务。

三是买方与卖方的收益和风险不对等。买方风险有限，收益无限；卖方收益有限，风险无限。

（三）金融期权的种类

1. 按期权权利性质划分

按期权权利性质划分，金融期权可分为看涨期权和看跌期权。

（1）看涨期权。看涨期权也称为认购期权，是指期权的买方在支付一定期权费后得到一种将来可按协定价格买进一定数量的某种金融资产的权利。投资者通常会在预期某种金融资产的价格将要上涨时买入看涨期权。

（2）看跌期权。看跌期权也称为认沽期权，是指期权的买方在支付一定期权费后获得一种将来可按协定价格卖出一定数量的某种金融资产的权利。投资者通常会在预期某种金融资产的价格将要下跌时卖出看跌期权。

2. 按期权行权时限划分

按期权行权时限划分，金融期权可分为欧式期权和美式期权。

（1）欧式期权。欧式期权是指只允许期权的持有者在期权到期日行权的期权合约。

（2）美式期权。美式期权是指允许期权持有者在期权到期日前的任何时间都可以行权的期权合约。

3. 按期权合约的标的资产划分

按期权合约的标的资产划分，金融期权可分为股票期权、外汇期权和股价指数期权。

（1）股票期权。股票期权是指期权买方可在一定时间内按照协议价格买进或卖出一定数量某种股票的权利合约。

（2）外汇期权。外汇期权是指期权买方可在一定时间内按协议汇率买进或卖出一定数量某种外汇的权利合约。

（3）股价指数期权。股价指数期权是指买卖股票价格指数的期权合约。

2015 年 2 月 9 日，我国资本市场首个股票期权产品上证 50ETF 期权在上海证券交易所正式上市交易，拉开了我国期权市场发展的序幕。这是我国资本市场的第一个上市期权产品，填补了我国证券交易所的产品空白。

六、金融互换合约

（一）金融互换合约的含义

金融互换合约是指一种交易双方约定在一定时间内按照事先约定的条件来交换一系列现

金流的金融合约。金融互换合约是 20 世纪 80 年代初出现在国际金融市场上的一种金融衍生工具，它集外汇市场、货币市场和资本市场业务于一体，既是融资工具的创新，又是风险管理的新手段。目前，许多跨国银行及一些投资银行都提供安排互换协议交易的服务，形成了一个无形的互换协议交易网络。

（二）金融互换合约的种类

1. 利率互换

利率互换是指交易双方在一定时期内，针对本金交换不同计息方法计算的利息支付义务的互换协议。利率互换之所以会发生，是因为存在以下两种交易需求。一是存在不同的筹资意向。例如，一方可以得到固定利率贷款，但希望以浮动利率筹集资金：另一方可以得到浮动利率贷款，但希望以固定利率筹集资金。通过互换交易，双方均可以获得希望的融资方式，这种融资方式往往是为了规避双方认为可能存在的利率风险。二是存在比较优势，可以通过互换交易降低资金成本。例如，某些公司在固定利率市场借款时具有比较优势，而其他公司在浮动利率市场借款时具有比较优势，可以通过利率互换将比较优势发挥出来。

2. 货币互换

货币互换是指交易双方之间在未来的一段时间内交换两种不同货币的本金和利息现金流。货币互换的主要原因是双方在各自国家中的金融市场上具有比较优势，货币互换的双方可以按两种货币的固定汇率交易，也可以按浮动汇率交易。

股指期货的起源和发展简析

20 世纪 70 年代初，伴随着布雷顿森林体系解体和美元汇率的自由浮动，通胀水平不断提高，股票市场也遭遇了严重冲击。在当时缺少避险工具的情况下，投资者在遭遇市场动荡时只能单纯地抛售股票。面对这种困境，人们将目光投向了期货。当时的芝加哥是世界上最大的期货市场，但其品种主要以农产品为主。既然农产品期货可以为农产品价格波动提供风险管理和对冲工具，为什么不能发明基于股指的金融期货，用来管理股市风险呢？在这样的思路下，人们开始将股指期货的开发付诸实践。例如，1977 年 10 月，堪萨斯期货交易所（KCBT）向美国商品期货交易委员会（CFTC）正式提交了报告，提出开发以股票指数为标的的期货产品来规避股票投资中的系统风险。

不过，美国股指期货的开发并非一帆风顺，因为当时的股指期货没有任何先例，这一设想也遇到不少阻力。首先，在使用指数问题上，交易所需要得到指数公司的同意。在众多股票指数中，历史最悠久、当时市场认可度最高的道琼斯工业平均指数，成了各家交易所开发股指期货的首选标的指数。然而，出于种种原因，在使用道琼斯指数问题上，当时的 KCBT、CBOT、CME 三家期货交易所都未能与道琼斯公司达成协议。其次，由于当时还没有出现现金交割，因此股指期货无法解决期货合约到期交割的问题。股票指数同其他实物商品或金融工具不同，它由一篮子股票组成，商品期货和其他金融期货可在合约到期时交割实物，而股指期货则存在困难，因为这意味着交割若干类型且权重不同的股票组合，这对于交易双方来说都是不现实的。直到 1981 年，CME 推出了欧洲美元期货，当合约到期时采用现金结算的办法，即到期时盈利一方从亏损一方获取收益完成一笔交易的清算。这次革新使股票指数期货的交割难题从操作层面得以解决。最后，当时股指期货的诞生还面临谁来监管的问题。在股指期货诞生前，美国的股票市场与期货市场分别由证券交易委员会（SEC）和 CFTC 分别进行监管。由于股指期货横跨了股票市场与期货市场，一时难以明确监管主体。1981 年，CFTC 与 SEC 就股票指数及股票衍生产品的管辖权达成协议并签署了《Shad-Johnson 协定》，确定美国股指期货及股指期货期权的监管权归 CFTC，而 SEC 则对股票期权、股票指数期权享有监管权，同时还规定股指期货合约的设计必须满足现金交割等一系列限制条件。该协定的签署从制度层面为股指期货的推出铺平了道路。

在无法使用道琼斯指数的情况下，CME 将目标确定在标普 500 指数上，于 1980 年 2 月与标准普尔公司达成协议。标普 500 指数期货在上市后取得了巨大的成功，仅仅 5 个月后，交易量便超过了当时其他股指期货的总和。在此之后，股指期货开始加速发展，美国各大交易所均纷纷推出了股指期货。随着美国股票市场的发展，股指期货合约也在逐渐发生着演变，不断适应新的市场需求。

思考练习

1. 金融市场发挥了什么功能？
2. 公募发行和私募发行有何区别？
3. 简述资本市场类型。
4. 简述货币市场类型。
5. 股票发行和债券发行有何区别？

第六章

巧用保险

学习目标

了解保险公司的概念和发展。

掌握商业保险的基本业务。

掌握社会保险的基本业务。

掌握保险市场运行原理。

能够分析、比较和选择各类商业保险。

能够分析、比较各类社会保险。

能够分析保险市场的发展前景和挑战。

案例导入

小金的同学小张约小金周末去郊游，他们准备自驾游，小张的表哥大李负责开车。可不幸的是，就在星期五，大李出了车祸，车子进了修理厂大修，人也住进了医院，不过幸好身体没什么大碍。

小金和小张去医院看望大李。“好在买了保险，不然真亏大了。”大李说，“不过，开车还是要小心啊，出了事故，保险公司只管赔钱，可赔不了命啊！”大李不停地感慨。

“保险公司只管赔钱，可赔不了命啊！”这句话让小金记忆深刻。

不过，小金忽然想起有一位远房亲戚买了一份保险，说是退休后每年都会领到一笔钱。那么保险究竟是怎么回事？

【思考】

保险到底能“保”什么？又能“赔”什么？如果你是小金，你会考虑买保险吗？你碰到过保险推销员或者接到过保险推销员的电话吗？

第一节　保险公司

一、保险公司概述

保险是以社会互助的形式，对因各种自然灾害和意外事故造成的损失进行补偿的一种方式。保险公司是指依法成立的、专门经营各种保险业务的金融机构。

保险公司根据风险分散原理，将社会经济生活中的个别风险，通过保险机制分散于多个经济主体，以保证社会经济生活的稳定。保险具有分散风险、组织经济补偿两个基本功能，在现代社会中，保险还具有融通资金的功能，因此，保险公司是一种最重要的非银行金融机构。

保险业的发源地在英国，1668 年英国就有了海上保险业务。1871 年“劳埃德保险社”（简称劳合社）成立，保险公司才开始登上历史舞台。美国是世界上保险业最发达的国家之一，它拥有世界上最大的人寿保险公司。

劳合社的诞生与业务

劳合社原由英国人爱德华·劳埃德（Edward Lloyd）在伦敦泰晤士河畔开设的咖啡馆起家，因其地处伦敦市中心，吸引了海陆贸易商人、船主、航运经纪人、保险商等光顾，逐渐成为交换海运信息、接洽航运和保险业务的活动场所，进而成为伦敦海上保险业集中活动的总会。因其主要顾客是近海贸易商人，所以逐渐成为航运业务和海上保险的交易市场。1688 年，劳埃德以自己的姓氏命名，创立了劳合社。1771 年，成立劳埃德委员会。1871 年，劳合社向政府注册，取得法人资格，并选举产生管理委员会。该公司仅是一个管理机构，保险业务由加入该公司并符合该公司所规定的资金条件的保险商直接经营。

劳合社的主要业务包括财产保险与再保险，在财产保险中首创了汽车保险、航空保险等。目前，它是国际航空和海上保险业务的龙头，除经营海上保险外，还兼营空运、陆运保险。目前，从房地产、汽车、航空、大灾难保险到独具特色的绑架保险、勒索保险、艺术品保险等，劳合社可以说是“无所不保”。

保险公司的组织形式因各国的社会制度、经济制度、经济状况不同而有所区别，一般有以下几种。

（1）国有（营）保险公司。这类公司是由国家投资经营的保险公司，它既是保险业的经营机构，又是国家保险事业的管理机构。它往往负责办理国家强制保险或某种特殊保险，以达到社会经济保障的目的。

（2）股份制保险公司。这是多数国家保险经营机构的主要组织形式。具体可分为两种情况：一是私人股份制保险公司，这是主要形式，美国 90%以上的人寿保险公司都是以股份制公司形式组织起来的；二是公私合股保险公司，即由国家和私人共同投资经营。

（3）合作保险公司。合作保险公司也称互济公司，是指保险需要者采取互助合作形式来满足全体成员对保险保障的需求。这类公司按其经营方式，可分为摊收保费制和永久保险制等类型。在美国，最大的保险公司是以互济形式组织而成的。

（4）自保险公司。这是指某些大企业集团，为节省保费，减少或免除税负而设立的旨在为本系统内部提供保险服务的保险公司。

（5）个人保险公司。即以个人名义承保业务的保险公司，目前只有英国盛行。

二、保险机构

（一）保险公司

西方国家的保险业已十分发达，几乎是人人保险、物物保险、事事保险。按照保险种类分别设有形式多样的保险公司，如人寿保险公司、财产保险公司、灾害和事故保险公司、老年和伤残保险公司、信贷保险公司、存款保险公司、再保险公司等。按照保险标的，保险公司可分为人寿保险公司、财产和灾难保险公司两大类。

1. 人寿保险公司

人寿保险公司是为投保人因意外事故或伤亡造成的经济损失提供经济保险的金融机构。人寿保险单的种类包括终身险保单、定期险保单、万能险保单、可转换险保单和单一保险费保单等。其中，定期险是最便宜的一种纯保险，其保单只是对风险防护的支付，保费中不含储蓄的成分；其他保单的保费中均含有储蓄的成分。所以，人寿保险公司兼有储蓄银行的性质，是一种特殊形式的储蓄机构。由于人寿保险的保险金支付具有可预期性，一般只有当规定的事件发生或到了约定的日期才支付保险金，因此，人寿保险公司的可运用资金比较稳定，可用于长期投资，如公司债券、抵押贷款和政府长期债券等流动性较低而盈利性较高的资产。

2. 财产和灾难保险公司

财产和灾难保险公司是对法人单位和家庭住户提供财产意外损失保险的金融机构。世界上最著名的财产和灾难保险公司是英国的劳合社。

财产和灾难保险公司的主要资金来源是保费收入。由于财产意外险的发生有较大的偶然性，其费率也难以计算，因此理赔支付难以预期。财产和灾难保险公司的一部分资金投资于有较高流动性和安全性，且又有相对较高收益的国库券、商业票据和银行大额存单等。

（二）保险中介机构

专业保险中介机构包括保险代理公司、保险经纪公司和保险公估公司。

1. 保险代理公司

保险代理公司是受保险公司的委托代其开展保险业务的机构。保险代理公司要根据保险公司委托的业务范围和授予的权限进行业务代理，因此所产生的权利、义务、责任等均由保险公司承担。

2. 保险经纪公司

保险经纪公司是投保人的代理人，是指基于投保人的利益，为投保人提供选择险种、与保险公司订立保险合同、缴纳保费、索取赔付等中介服务的保险中介机构。

3. **保险公估公司**

保险公估公司是指接受保险当事人委托，专门从事保险标的评估、勘验、鉴定、估损、赔偿额的核算等业务的机构。

三、我国的保险机构

1988 年以前，我国的保险业由中国人民保险公司独家经营。1996 年，中国人民保险公司改组为中国人民保险集团，简称中保集团。1998 年，中保集团宣布撤销，旗下原有的三家全资子公司独立为中国人民保险公司、中国人寿保险公司、中国再保险公司。随着我国保险业的发展，保险市场的主体逐渐增加，中国太平洋保险公司、中国平安保险公司、华泰财产保险有限公司、新华人寿保险有限公司、泰康人寿保险有限公司及一些外资保险公司不断加入。

1995 年颁布实施的《中华人民共和国保险法》（以下简称《保险法》）是中华人民共和国成立后的第一部保险法。该法对保险公司的组织形式、设立及变更的条件和程序、机构的扩展与变更等做了具体的规定。1996 年，中国人民银行又先后颁布实施了《保险代理人管理暂行规定》和《保险管理暂行规定》等多项规章制度。1998 年，中国保险监督管理委员会成立（2018 年改为中国银行保险监督管理委员会，2018 年 4 月正式挂牌改为中国银行保险监督管理委员会，2023 年改为国家金融监督管理总局）。2002 年 10 月，第九届全国人民代表大会常务委员会第三十次会议通过了修订《保险法》的决定。修订后的《保险法》于 2009 年 10 月 1 日起正式实施。这次《保险法》的修订贯穿了以下几个指导思想：一是履行加入世贸组织承诺，二是加强对被保险人利益的保护，三是强化保险监管，四是支持保险业的改革和发展，五是促进保险业与国际接轨。2015 年，国务院法制办发布了《关于修改〈〈中华人民共和国保险法〉的决定》，对保险法进行了修改。新的《保险法》全文共八章一百八十五条，包括保险业法、保险合同法和保险特别法。此次的修改更好地规范了保险活动，保护了保险活动当事人的合法权益，释放了市场发展动力，促进了保险事业的健康发展，为保险业创新发展提供了法律支持。

为加快发展，我国国有保险公司明确了进行股份制改革的方向。2003 年 7 月 19 日，中国人民保险公司率先完成了股份制改革，由中国人保控股公司、中国人民财产保险股份有限公司、中国人保资产管理有限公司三家公司取而代之。

第二节 商业保险

一、商业保险概述

（一）商业保险的内涵

商业保险是指通过订立保险合同运营，以营利为目的的保险形式，由专门的保险企业经营。商业保险关系是由当事人自愿缔结的合同关系，投保人根据合同约定，向保险公司支付保险费，保险公司根据合同约定的可能发生的事故因其发生所造成的财产损失承担赔偿保险金责任，或者当被保险人死亡、伤残、疾病或达到约定的年龄、期限时承担给付保险金责任。

我们一般所说的保险是指商业保险。商业保险按照保险的保障范围一般可以分为人身保险、财产保险、责任保险、信用保证保险。

（二）商业保险的特征

（1）商业保险的经营主体是商业保险公司。

（2）商业保险所反映的保险关系是通过保险合同体现的。

（3）商业保险的对象可以是人和物（包括有形的和无形的），具体标的包括人的生命和身体、财产以及与财产有关的利益、责任、信用等。

（4）商业保险的经营要以营利为目的，而且要获取最大限度的利润，以保障被保险人享受最大限度的经济保障。

二、商业保险的类型

（一）人身保险

1. 人身保险的内涵

人身保险是以人的寿命和身体为保险标的的保险。当人们遭受不幸事故或因疾病、年老以致丧失工作能力、伤残、死亡或年老退休后，根据保险合同的规定，保险人对被保险人或受益人给付保险金或年金，以解决病、残、老、死所造成的经济困难。

人身保险的基本内容是：投保人（买保险的）与保险人（卖保险的）签订合同，互相订立权利义务，投保人向保险人缴纳保险费，当被保险人发生死亡、残废、疾病等保险事故，或活到合同约定的年龄时，保险人向被保险人或其受益人给付保险金。

2. 人身保险的种类

（1）定期死亡保险，是指以被保险人保险期间死亡为给付条件的保险。

（2）终身死亡保险，是指以被保险人终身死亡为给付条件的保险。

（3）两全保险，是指以被保险人保险期限内死亡或者保险期间届满仍旧生存为给付条件的保险，有储蓄的性质。

（4）年金保险，是指以被保险人的生存为给付条件，保证被保险人在固定的期限内，按照一定的时间间隔领取款项的保险。

3. 人身保险的功能

人身保险的主要功能从两个方面体现：一是保障被保险人死亡所致家庭损失的经济补偿，减轻家庭或子女的经济负担，使其遗属能够获得一定收入，以维持生活及偿付债务；二是储蓄资金，以备将来养老所需。前者属于保障型，后者属于储备型。另外，根据《中华人民共和国个人所得税法》，保险赔款可免纳个人所得税。

（二）财产保险

1. 财产保险的内涵

从广义上讲，财产保险是除人身保险外的其他一切险种，包括财产损失保险、责任保险、信用保险、保证保险、农业保险等。它是以有形或无形财产及其相关利益为保险标的的一类实偿性保险。

2. 财产保险的种类

（1）火灾保险。承保陆地上存放在一定地域范围内，基本上处于静止状态下的财产，如机器、建筑物、各种原材料或产品、家庭生活用具等因火灾引起的损失。

（2）海上保险。实质上是一种运输保险，它是各类保险业务中发展最早的一种保险，保险人对海上危险引起的保险标的的损失负赔偿责任。

（3）货物运输保险。是除了海上运输以外的货物运输保险，主要承保内陆、江河、沿海以及航空运输过程中的货物所发生的损失。

（4）各种运输工具保险。主要承保各种运输工具在行驶和停放过程中所发生的损失。主要包括汽车保险、航空保险、船舶保险、铁路机车车辆保险。

（5）工程保险。承保各种工程期间一切意外损失和第三者人身伤害与财产损失。

（6）灾后利益损失保险。保险人对财产遭受保险事故后可能引起的各种无形利益损失承担保险责任的保险。

（7）盗窃保险。承保财物因强盗抢劫或者窃贼偷窃等行为造成的损失。

(8) 农业保险。主要承保各种农作物或经济作物和各类牲畜、家禽等因自然灾害或意外事故造成的损失。

(三) 责任保险

责任保险是以被保险人的民事损害赔偿责任作为保险标的的保险。不论是企业、团体、家庭还是个人，在进行各项生产业务活动时或在日常生活中，由于疏忽、过失等行为造成对他人的损害，根据法律或契约对受害人承担的经济赔偿责任，都可以在投保有关责任保险之后，由保险公司负责赔偿。

(1) 公众责任保险。承保被保险人对其他人造成的人身伤亡或财产损失应负的法律赔偿责任。

(2) 雇主责任保险。承保雇主根据法律或者雇佣合同对雇员的人身伤亡应该承担的经济赔偿责任。

(3) 产品责任保险。承保被保险人因制造或销售产品的缺陷导致消费者或使用人等遭受人身伤亡或者其他损失引起的赔偿责任。

(4) 职业责任保险。承保医生、律师、会计师、设计师等自由职业者因工作中的过失而造成他人的人身伤亡和财产损失的赔偿责任。

(四) 信用保证保险

信用保证保险的标的是合同双方权利人和义务人约定的经济信用。信用保证保险是一种担保性质的保险。在业务习惯上，因投保人在信用关系中的身份不同，信用保证保险又可分为信用保险和保证保险两种类型：信用保险是以订立合同的一方要求保险人承担合同的对方的信用风险为内容的保险；保证保险是以义务人为被保证人，按照合同规定要求保险人担保对权利人应履行义务的保险。

目前，信用保证保险的主要险种有以下几种。

(1) 雇员忠诚保证保险，是指承保雇主因其雇员的欺骗和不诚实行为所造成的损失，由保险人负责赔偿。

(2) 履约保证保险，是指承保签约双方中的一方，由于不能履行合同中规定的义务而使另一方蒙受的经济损失，由保险人负责赔偿。

(3) 信用保险，是指承保被保险人（债权人）在与他人订立合同后，由于对方不能履行合同义务而使被保险人遭受的经济损失，由保险人负责赔偿。常见的有出口信用保险和投资保险等。

我国的信用保证保险的发展始于20世纪80年代初期。1983年年初，中国人民保险公司上海分公司与中国银行上海分行达成协议，对一笔出口船舶的买方信贷提供中期和长期信用保险；1986年，中国人民保险公司开始试办短期出口信用保险；1988年，国务院正式决定由中国人民保险公司试办出口信用保险业务，并在该公司设立了信用保险部；1994年以后，中

国进出口银行也开始经办各种出口信用保险业务。

2001年12月，在原中国人民保险公司信用保险部和中国进出口银行信用保险部的基础上，我国第一家专门经营信用保险的国有独资的中国出口信用保险公司组建产生。在我国，有多家保险公司开办保证保险业务，具体险种主要有国内工程履约保险、履约和供货保证保险、产品质量保证保险、住房贷款保证保险、汽车贷款保证保险、雇员忠诚保证保险等。

第三节 社会保险

一、社会保险概述

（一）社会保险的内涵

社会保险是指国家通过立法强制实行的，由劳动者、企业（雇主）或社区以及国家三方共同筹资，建立保险基金，在劳动者因年老、工伤、疾病、生育、残疾、失业、死亡等原因丧失劳动能力或暂时失去工作时，给予劳动者本人或供养的直系亲属物质帮助的一种社会保障制度。

它具有保障劳动者基本生活、维护社会安定和促进经济发展的作用。

（二）社会保险的特征

（1）保障性：保障劳动者的基本生活。

（2）普遍性：社会保险覆盖所有社会劳动者。

（3）互助性：利用参加保险者的合力，帮助某个遇到风险的人，互助互济，满足急需。

（4）强制性：由国家立法限定，强制用人单位和职工参加。

（5）福利性：社会保险是一种政府行为，不以营利为目的。

拓展阅读

商业保险与社会保险的区别

商业保险与社会保险的主要区别在于以下几项。

（1）商业保险是一种经营行为，保险业经营者以追求利润为目的，独立核算、自主经营、自负盈亏；社会保险是国家社会保障制度的一种，目的是为人民提供基本的生活保障，以国家财政支持为后盾。

(2) 商业保险依照平等自愿的原则，是否建立保险关系，完全由投保人自主决定；而社会保险具有强制性，凡是符合法定条件的公民或劳动者，其缴纳保险费用，接受保障，都是由国家立法直接规定的。

(3) 保障范围不同。商业保险的保障范围由投保人、被保险人与保险公司协商确定，不同的保险合同项下，不同的险种，被保险人所享受的保障范围和水平是不同的；而社会保险的保障范围一般由国家事先规定，风险保障范围比较窄，保障的水平也比较低，这是由它的社会保障性质决定的。社会保险是国家强制实行的社会保障制度，被保险人有永久获得保障的权利。政府对保险财务负最后的责任，发生亏损由国家财政拨款弥补。

(4) 对象和作用不同。商业保险是以个人或全体人民为对象，并根据其缴纳保费金额和事故发生的种类给予一定的经济补偿；社会保险以劳动者及其供养的直系亲属为对象，在劳动者丧失劳动能力后给予物质帮助。

(5) 权利与义务对等关系不同。商业保险主要表现为“多投多保、少投少保”的等价交换关系；社会保险则强调劳动者必须履行为社会贡献劳动的义务，并由此获得社会保险待遇的权利，实现权利义务基本对等。

(6) 保障水平和立法范畴不同。商业保险以投保所缴保费为标准，社会保险是以保障劳动者的基本生活需要为标准；商业保险看重“偿还”，社会保险看重保障；商业保险属于经济立法范畴，社会保险属于劳动立法范畴。

(7) 管理制度不同。商业保险是自主经营的相对独立的经济实体，属于金融体制；社会保险是由中央或地方政府集中领导，专业机构组织管理，属于行政领导体制。

二、常见的社会保险

(一) 养老保险

1. 养老保险的内涵

养老保险（或养老保险制度）是国家和社会根据一定的法律和法规，为解决劳动者在达到国家规定的解除劳动义务的劳动年龄界限，或因年老丧失劳动能力退出劳动岗位后的基本生活而建立的一种社会保险制度。

养老保险是社会保障制度的重要组成部分，是社会保险五大险种中最重要的险种之一。

拓展阅读

什么是“五险一金”

“五险”指的是五种保险，包括养老保险、医疗保险、失业保险、工伤保险和生育保险；“一金”指的是住房公积金。其中，养老保险、医疗保险和失业保险是由企业和个人共同缴纳保费，工伤保险和生育保险完全是由企业承担，个人不需要缴纳。这里要注意的是，“五险”是法定的，而“一金”不是法定的。

2. 养老保险制度

世界各国实行的养老保险制度有三种模式。

(1) 传统型养老保险制度。传统型养老保险制度最早为德国俾斯麦政府于 1889 年颁布养老保险法所创设，后被美国、日本等国家采纳。个人领取养老金的权利与缴费义务相联系，即个人缴费是领取养老金的前提，养老金水平与个人收入挂钩，基本养老金按退休前雇员历年指数化月平均缴费工资和不同档次的替代率来计算，并定期自动调整。

(2) 国家统筹型养老保险制度。国家统筹型养老保险制度被福利国家普遍采用，又称福利型养老保险，最早为英国创设，目前采用该模式的国家还包括瑞典、挪威、澳大利亚、加拿大等。

该制度的特点是实行完全的“现收现付”制度，并按“支付确定”的方式来确定养老金水平。养老保险费全部来源于政府税收，个人无须缴费。享受养老金的对象不仅为劳动者，还包括社会全体成员。但养老金保障水平相对较低，通常只能保障最低生活水平而不是基本生活水平，如澳大利亚养老金待遇水平只相当于平均工资的 25%。为了解决基本养老金水平较低的问题，政府一般大力提倡企业实行职业年金制度，以弥补基本养老金的不足。

该制度的优点在于运作简单易行，通过收入再分配的方式，对老年人提供基本生活保障，以抵消市场经济带来的负面影响。但该制度也有明显的缺陷，其直接后果就是政府的负担过重。由于政府财政收入的相当一部分都用于社会保障支出，而且为了维持如此庞大的社会保障支出，政府必须采取高税收政策，这样就加重了企业和纳税人的负担。同时，社会成员普遍享受养老保险待遇，缺乏对个人的激励机制，只强调公平而忽视效率。

(3) 强制储蓄型养老保险制度。强制储蓄型养老保险制度主要有新加坡模式和智利模式两种。

新加坡模式是一种公积金模式。该模式的主要特点是强调自我保障，建立个人公积金账户，由劳动者于在职期间与其雇主共同缴纳养老保险费，劳动者在退休后完全从个人账户领取养老金，国家不再以任何形式支付养老金。个人账户的养老金在劳动者退休后可以一次性连本带息领取，也可以分期分批领取。国家对个人账户的养老金通过中央公积金局统一进行管理和运营投资，是一种完全积累的筹资模式。除新加坡外，东南亚、非洲等地的一些发展中国家也采用该模式。

智利模式作为另一种强制储蓄类型，也强调自我保障，也采取个人账户的模式，但与新加坡模式不同的是，个人账户的管理完全实行私有化，即将个人账户交由自负盈亏的私营养老保险公司运作，规定了最大回报率，同时实行养老金最低保险制度。该模式于20世纪80年代在智利推出后，也被一些拉美国家效仿。

强制储蓄型养老保险制度最大的特点是强调效率，但忽视公平，难以体现社会保险的保障功能。

3. 我国养老保险制度的发展

20世纪90年代之前，我国企业职工实行的是单一的养老保险制度。1991年，《国务院关于企业职工养老保险制度改革的决定》中明确提出："随着经济的发展，逐步建立起基本养老保险、企业补充养老保险和职工个人储蓄性养老保险相结合的制度。"从此，我国逐步建立起多层次的养老保险体系。在这种多层次的养老保险体系中，基本养老保险可称为第一层次，也是最高层次。截至2023年年底，我国城乡居民参加养老保险人数已达10.66亿人。

社会统筹与个人账户相结合的基本养老保险制度是我国首创的一种新型的基本养老保险制度。这一制度在基本养老保险基金的筹集上，采用传统型的基本养老保险费用的筹集模式，即由国家、单位和个人共同负担；在基本养老金的计发上采用结构式的计发办法，强调个人账户养老金的激励因素和劳动贡献差别。因此，该制度既吸收了传统型养老保险制度的优点，又借鉴了个人账户模式的长处；既体现了传统意义上的社会保险的社会互济、分散风险、保障性强的特点，又强调了职工的自我保障意识和激励机制。

（二）医疗保险

1. 医疗保险的内涵

医疗保险是为补偿疾病所带来的医疗费用的一种保险。职工因疾病、负伤、生育，由社会或企业提供必要的医疗服务或物质帮助的社会保险。

医疗保险同其他类型的保险一样，也是以合同的方式预先向受疾病威胁的人收取医疗保险费，建立医疗保险基金；当被保险人患病并去医疗机构就诊而发生医疗费用后，由医疗保险机构给予一定的经济补偿。

因此，医疗保险也具备保险的两大职能：风险转移和补偿转移。即把个体身上的由疾病风险所致的经济损失分摊给所有受同样风险威胁的成员，用集中起来的医疗保险基金来补偿由疾病所带来的经济损失。

医疗保险的起源

医疗保险起源于西欧，可追溯到中世纪。随着资产阶级革命的成功，家庭作坊被大工业取代，出现了近代产业队伍。由于工作环境恶劣，流行疾病、工伤事故的发生使工人要求相应的医疗照顾。可是他们的工资较低，个人难以支付医疗费用。于是，许多地方的工人便自发地组织起来，筹集一部分资金，用于生病时的开支。但这种形式并不是很稳定，且是小范围的，抵御风险的能力很弱。18 世纪末 19 世纪初，民间保险在西欧发展起来，并成为国家筹集医疗经费的重要途径。

2. 医疗保险制度

世界各国实行的医疗保险制度有三种模式。

（1）间接医疗保险制度。政府的社会保险机构与私人医疗机构签订合同，病人先自付医疗费，然后向社会保险机构报销其医疗费的全部或一部分，这类制度多见于西方国家。

（2）直接医疗保险制度。政府直接拥有并管理医疗机构，劳动者的医疗费用全部或部分由国家承担。这类制度多见于社会主义国家。

（3）基本医疗照顾。即预防性、治疗性和综合性的卫生保险服务。包括营养改善、卫生用水供应、母婴照顾、对主要传染病的免疫、流行病的预防和控制，以及常见病的治疗等内容。这类制度多见于发展中国家。享受医疗保险的条件，根据就业期限或缴纳保险费的期限确定。通常情况下，医疗保险的资格条件与疾病保险的资格条件相匹配，享受疾病保险现金补助者就可享受医疗服务。

3. 我国医疗保险制度的发展

1988 年，我国开始对机关事业单位的公费医疗制度和国有企业的劳保医疗制度进行改革。1998 年，国务院颁布了《关于建立城镇职工基本医疗保险制度的决定》，开始在全国建立城镇职工基本医疗保险制度。

我国的基本医疗保险制度实行社会统筹与个人账户相结合的模式。基本医疗保险基金原则上实行地市级统筹。基本医疗保险覆盖城镇所有用人单位及其职工；所有企业、国家行政机关、事业单位和其他单位及其职工必须履行缴纳基本医疗保险费的义务。用人单位的缴费比例为工资总额的 6%左右，个人缴费比例为本人工资的 2%。单位缴纳的基本医疗保险费一部分用于建立统筹基金，一部分划入个人账户；个人缴纳的基本医疗保险费计入个人账户。统筹基金和个人账户分别承担不同的医疗费用支付责任。统筹基金主要用于支付住院和部分慢性病门诊治疗的费用，统筹基金设有起付标准、最高支付限额；个人账户主要用于支付一般门诊费用。

在基本医疗保险之外，各地还普遍建立了大额医疗费用互助制度，以解决社会统筹基金最高支付限额之上的医疗费用。国家为公务员建立了医疗补助制度。有条件的企业可以为职工建立企业补充医疗保险。国家还将逐步建立社会医疗救助制度，为贫困人口提供基本医疗保障。

（三）失业保险

1. 失业保险的内涵

失业保险是指劳动者由于非本人原因暂时失去工作，致使工资收入中断而失去维持生计来源，并在重新寻找新的就业机会时，从国家或社会获得物质帮助以保障其基本生活的一种社会保险制度。

失业保险的主要特点包括以下几点。

（1）普遍性。它主要是为了保障有工资收入的劳动者失业后的基本生活而建立的，其覆盖范围包括劳动力队伍中的大部分成员。因此，在确定适用范围时，参保单位应不分部门和行业所有制性质，职工应不分用工形式、户籍地，解除或终止劳动关系后，只要本人符合条件，都有享受失业保险待遇的权利。

（2）强制性。它是通过国家制定法律、法规来强制实施的。按照规定，在失业保险制度覆盖范围内的单位及其职工必须参加失业保险并履行缴费义务。根据有关规定，不履行缴费义务的单位和个人都应当承担相应的法律责任。

（3）互济性。失业保险基金主要来源于社会筹集，由单位、个人和国家三方共同负担，缴费比例、缴费方式相对稳定，筹集的失业保险费不分来源渠道和缴费单位的性质，全部并入失业保险基金，在统筹地区内统一调度使用以发挥互济功能。

2. 失业保险制度

国际上一般采取 5 种方式筹集失业保险所需资金。

（1）由雇主和雇员双方负担。

（2）由雇主和国家双方负担。

（3）由雇员和国家双方负担。

（4）由国家、雇员和雇主三方负担。

（5）全部由雇主负担。

全部由雇主负担失业保险所需资金的国家，主要采取征收保险税的办法，目前只有个别国家采用。大多数国家主要采用征缴费用、建立基金的方式。

3. 我国失业保险制度的发展

我国失业保险制度的发展可以分为三个阶段。

（1）建立阶段。1986 年，为了配合国有企业改革，实行劳动合同制，促进劳动力的合理流动，国务院颁发了《国营企业职工待业保险暂行规定》（以下简称《暂行规定》），这标志着我国失业保险制度的建立。

(2) 发展阶段。1993 年，国务院又颁发了《国有企业职工待业保险规定》以代替 1986 年的《暂行规定》，但是《国有企业职工待业保险规定》并没有对《暂行规定》有大的突破和超越，导致了失业保险滞后于经济的发展。

(3) 巩固阶段。1999 年，国务院颁发了《失业保险条例》，在完善失业保险制度、强化失业保险的保障功能、强调失业保险权利与义务的对应、体现失业保险的性质、保障职工合法权益方面无疑有很大的进步。这主要表现在以下几项。

①确立了保障失业人员的基本生活和促进再就业的基本宗旨。

②将失业保险的实施范围扩大到城镇各类企事业单位及其职工。

③建立了国家、单位、职工三方负担的筹资机制。用人单位的缴费比例提高到了工资总额的 2%，职工个人按本人工资的 1%缴纳。

④确定了失业保险待遇的享受条件、申领程序。

⑤重新调整了支出项目和支付标准。

⑥提高了统筹层次，实行了市级统筹。

⑦加强了基金管理，规定失业保险基金必须存入银行的财政专户，实行收支两条线管理。

如何计算“领取失业保险金期间”

“领取失业保险金期间”是指从办理申领手续当天起至对应月份的前一天。例如，2 月 8 日申领 3 个月失业保险金，“领取失业保险金期间”就是 2 月 8 日至 5 月 7 日。

如果本人主动要求暂停领取失业保险金，或重新就业办理用工手续后，就会被自动暂停领取失业保险金，原来的领取期间按月份减少。例如，6 月 3 日申领 2 个月失业保险金，领取期间是 6 月 3 日至 8 月 2 日，7 月（不论哪一天操作）暂停后，领取期间即修改为 6 月 3 日至 7 月 2 日。从 7 月 3 日起暂停享受失业保险待遇。

失业人员未申领的失业保险金期限可予以保留，以后要求领取的，可再次申领。重新就业且缴纳失业保险金满一年后又再次失业的，应当将其剩余期限合并计算。

第四节　保险市场

一、保险市场的含义和要素

（一）保险市场的含义

保险市场是指保险商品交换关系的总和或者保险商品供给与需求关系的总和。它既可以指固定的交易场所，如保险交易所，也可以指所有实现保险商品让渡的交换关系的总和。保险市场的交易对象是保险人为消费者提供的保险保障，即各类保险商品。

保险市场的构成要素如下：一是为保险交易活动提供各类保险商品的卖方或供给方；二是实现交易活动的各类保险商品的买方或需求方；三是具体的交易对象——各类保险商品。后来，保险商品的中介方也渐渐成为构成保险市场不可或缺的因素之一。

（二）保险市场的要素

1. 保险市场的主体

（1）保险商品的供给方。它是指在保险市场上，提供各类保险商品，承担、分散和转移他人风险的各类保险机构。它们以各类保险组织形式出现在保险市场上，如国有形式、私营形式、合营形式、合作形式等。

（2）保险商品的需求方。它是指在一定时间、一定地点等条件下，为寻求风险保障而对保险商品具有购买意愿和购买力的消费者的集合。保险商品的需求方就是保险营销学所界定的“保险市场”，即“需求市场”，它由有保险需求的消费者、为满足保险需求的缴费能力和投保意愿三个主要因素构成。

（3）保险市场的中介方。保险市场的中介方既包括活动于保险人与投保人之间，充当保险供需双方的媒介，把保险人和投保人联系起来并建立保险合同关系的人，也包括保险代理和保险经纪人，还包括独立于保险人与投保人之外，以第三者身份处理保险合同当事人委托办理的有关保险业务的公证、鉴定、理算、精算等事项的人，如保险公证人（行）或保险公估人（行）、保险律师、保险理算师、保险精算师等。

2. 保险市场的客体

保险市场的客体是指保险市场上供求双方具体交易的对象，这个交易对象就是保险商品。

保险商品是一种特殊形态的商品。

二、保险市场的功能

（一）保障功能

保障功能是保险业的立业之基，最能体现保险业的特色和核心竞争力。保障功能具体表现为财产保险的补偿和人身保险的给付两个方面。

1. 财产保险的补偿

保险是在特定灾害事故发生时，在保险的有效期和保险合同约定的责任范围以及保险金额限度内，按其实际损失金额给予补偿。补偿使得已经存在的社会财富因灾害事故所致的实际损失在价值上得到了补偿，在使用价值上得以恢复，从而使社会再生产过程得以连续进行。

2. 人身保险的给付

与财产保险不同，由于人的生命价值不能用货币来计价，因此，人身保险的保险金额是由投保人根据被保险人对人身保险的需要程度和投保人的缴费能力，在法律允许的范围与条件下，与保险人双方协商约定后确定的。因此，在保险合同约定的保险事故发生、约定的年龄到达或者约定的期限届满时，保险人按照约定进行保险金的给付。

（二）资金融通功能

资金融通功能是指保险公司将保险资金中的闲置部分重新投入社会再生产过程中所发挥的金融中介作用。保险人为了使保险经营稳定，必须保证保险资金的保值与增值，这也要求保险人对保险资金进行运用。

保险资金的融通应以保证保险的赔偿或给付为前提，同时要坚持合法性、流动性、安全性和效益性的原则。

（三）社会管理功能

保险的社会管理功能是通过保险内在的特性，促进经济社会的协调以及社会各领域的正常运转和有序发展，是在保险业逐步发展成熟并在社会发展中的地位不断提高和增强后衍生出来的一项功能，主要体现在以下几个方面。

1. 社会保障管理

社会保障被誉为“社会的减震器”，是保持社会稳定的重要条件。保险是社会保障体系的重要组成部分，在完善社会保障体系方面发挥着重要作用。

2. 社会风险管理

风险无处不在，防范、控制风险和减少风险损失是全社会的共同任务。保险公司从开发产品、制定费率到承保、理赔的各个环节，都直接与灾害事故打交道，因此，保险公司不仅具有识别、衡量和分析风险的专业知识，而且积累了大量的风险损失资料，为全社会风险管理提供了有力的数据支持。

3. 社会关系管理

保险应对灾害损失，不仅可以根据保险合同约定对损失进行合理补偿，而且可以提高事故处理的效率，减少当事人可能出现的各种纠纷，起到“社会润滑器”的作用，大大提高社会运行的效率。

4. 社会信用管理

保险公司经营的产品实际上是一种以信用为基础、以法律为保障的承诺，在培养和增强社会的诚信意识方面具有潜移默化的作用。同时，保险在经营过程中可以收集企业和个人的履约行为记录，为社会信用体系的建立和管理提供重要的信息资料来源，实现社会信用资源的共享。

保险的以上四项功能是一个有机联系、相互作用的整体。保障功能是保险最基本的功能，是保险区别于其他行业的最根本的特征。资金融通功能是在经济补偿功能的基础上发展起来的，是保险金融属性的具体体现，也是实现社会管理功能的重要手段。现代保险的社会管理功能是保险业发展到一定程度并深入社会生活的诸多层面之后产生的一项重要功能。社会管理功能的发挥，在许多方面都离不开保障和资金融通功能的实现。同时，随着保险社会管理功能逐步得到发挥，其保障功能和资金融通功能的发挥会有更加广阔的空间。因此，保险的四项功能之间既相互独立，又相互联系、相互作用，形成了一个统一、开放的现代保险功能体系。

思考练习

1. 人们购买保险的主要目的是什么？

2. 商业保险和社会保险的区别和联系是什么？

3. 简述保险市场的主要功能。

4. 进行情境扮演。要求：先由一人扮演保险公司某种保险产品的推销员，另一人扮演顾客，再互换角色。相互交流一下彼此的感受。

第七章

巧用外汇

学习目标

掌握外汇的概念。

掌握汇率标价的三种方法。

熟悉世界主要货币名称及符号。

熟悉不同种类的汇率，并能熟练进行汇率套算。

了解外汇市场的概念与构成。

熟悉外汇市场的类型、特点和功能。

能从动态和静态两个角度理解外汇的含义。

理解外汇在国家经济发展中的作用。

能识别世界主要货币名称及符号。

能区分汇率的三种标价方法，并能根据交易需要计算应支付的本国货币。

能熟练进行汇率套算。

理解外汇市场的主要参与者及其不同类型。

能区分不同外汇市场。

案例导入

人民币成为自由使用的货币[①]

2015年12月1日，国际货币基金宣布，人民币纳入SDR货币篮子，2016年10月1日正式生效，成为可以自由使用的货币。

国际货币基金组织（IMF）总裁拉加德于2015年9月30日宣布：纳入人民币的特别提款权（SDR）新货币篮子于10月1日正式生效。这标志着人民币将以全球储备货币的角色开启新的征程，凸显了中国在全球经济和国际金融体系中的重要性，对中国和国际货币体系来说都具有历史性的里程碑意义。这是SDR历史上首次扩大货币篮子，也是自1999年欧元取代德国马克和法国法郎以来首次有新货币加入篮子，人民币“入篮”让SDR的构成更全面地反映当今世界货币和全球经济。

SDR是IMF于1969年创设的一种国际储备资产，用以弥补成员方官方储备不足，其价值最初由黄金和美元来确定，布雷顿森林体系崩溃后，改为一篮子货币。人民币加入后，新的货币篮子包含美元、欧元、人民币、日元和英镑，权重分别为41.73%、30.93%、10.92%、8.33%和8.09%。

人民币从此跻身国际权威机构认可的国际储备货币和“可自由使用货币”俱乐部，这是中国与世界的双赢，最终会给百姓带来好处。加入SDR可以增强国际市场对人民币的信心，扩大人民币使用范围，减少中国企业从事外贸、跨境投资时面临的汇率风险。人民币“入篮”后将逐步成为国际结算货币，自由兑换程度逐步提高，中国资本市场将逐步双向开放。这些不仅使得居民海外购物、投资可以逐步实现用人民币结算，而且可以帮助有需要的居民合理配置海外资产，形成资产多元化配置。

第一节　认识外汇

据统计，目前世界上有200多个国家和地区，其中分布在亚洲的国家和地区就有40多个，这些国家和地区中，绝大多数有自己的货币。据悉，世界流通货币共有170余种，各国或地区在各自的管辖范围内使用货币，完成商品交换和支付等经济活动。

在世界经济一体化程度日益加深的今天，货币的使用已不再局限于一国之内，而是随着

① 人民币纳入SDR货币篮子正式生效给百姓带来啥好处？[EB/OL].（2016-10-02）[2024-04-30].http://news.cnhubei.com/xw/jj/201610/t3710355.shtml.

商品在世界范围内的交换而在各国间不断流通。随着经济全球化的发展，在全球范围内进行的政治、经济、文化往来的全球性经济活动中，一国的主权货币（本币）未必有跨国自由流通的特性，也就未必能顺利地完成上述领域的支付结算。

在国际经济问题中，常常会涉及交易采用何种货币进行支付、本国货币和外国货币之间按何种比例进行兑换等问题，即外汇和汇率问题。对这些问题的研究，是我们理解和掌握相关国际金融问题最重要的起点之一。

一、外汇的概念

外汇（Foreign Exchange）的概念可以从动态和静态两个方面来分析。

（一）动态的外汇

动态外汇是指国际汇兑，即把一个国家的货币兑换为另一个国家的货币，借以清偿国际债权债务关系的金融活动。这种国际汇兑过程同国内汇兑道理相似，也是借助中介机构（通常指银行）来办理两国之间债权债务的清结，避免现金的运送。

世界上的货币收付活动并非仅限于在一国境内进行，国际贸易结算业务、国际资金借贷以及因此而发生的本息收付业务、国内总部与国外分支机构之间的汇款业务等都需要与境外进行货币的交往。这种跨越国境的货币交往就叫外汇。

外汇交易的最基本特征是在某个交易场所进行不同货币的“交换”。它与在一国国内收付款截然不同，金融术语将其表述为“以某种货币表示的债权同其他货币表示的债权的交换”，或者称其为国际汇兑。

（二）静态的外汇

如果从“国际汇兑”的角度看，外汇是一种动态的经营过程，但绝大多数人习惯将外汇视为一种具体的、静态的事物，即仅仅将外汇作为一种国际上清偿债权债务的支付手段或工具的统称。静态意义的外汇又可在广义和狭义两个层次上使用。

1. 狭义外汇

人们日常生活中所说的外汇多指静态意义上的狭义外汇，是指以外币表示的用于国际结算的支付手段，包括以外币表示的汇票、支票、本票、银行存款凭证和邮政储蓄凭证等，此概念常在国际商务中使用。

一种外国货币要成为外汇，必须同时具有以下特征。

第一，自由兑换性。外汇必须是可以自由兑换为其他支付手段的外币资产。如果某种资产在国家之间的自由兑换受到限制，则其不是外汇。

第二，可偿付性。外汇必须是在国外能够得到补偿的债权，空头支票和遭到拒付的汇票不能视为外汇。

第三，国际性。任何以本国货币表示的信用工具、支付手段、有价证券等对本国人来说都不是外汇。例如，美元资产是国际支付中最为常用的一种外汇资产，但它是针对美国以外的其他国家而言的。

由狭义外汇的定义可知，不能把外汇简单地理解为外国货币，也不能把外国货币统统理解为外汇。只有在国外银行的存款以及索取这些存款的外币票据和外币凭证（如汇票、支票、本票和电汇凭证）等才是外汇。

2. 广义外汇

广义外汇泛指一切以外币表示的金融资产。

国际货币基金组织（IMF）对外汇的解释为：外汇是货币行政当局（中央银行、货币管理机构、外汇平准基金组织以及财政部等）以银行存款、国库券、长短期政府证券等形式保有的在国际收支逆差时可以使用的债权，而不论其是以债务国货币还是以债权国货币表示。

我国于1996年公布、2008年修订通过的《中华人民共和国外汇管理条例》对外汇作了明确规定。外汇是指下列以外币表示的可以用作国际清偿的支付手段和资产：外币现钞，包括纸币、铸币；外币支付凭证或支付工具，包括票据、银行存款凭证、银行卡等；外币有价证券，包括债券、股票等；特别提款权；其他外汇资产。

二、外汇的作用

国际经济的发展和各国货币制度的差异引致的世界范围内统一货币的缺乏，客观上要求产生外汇。反过来，外汇产生后，又成为推动国际经贸关系向纵深发展的重要条件。外汇在国际经济、政治、文化往来中发挥着重要的桥梁纽带作用，具体表现在以下几个方面。

（一）促进国际经济、贸易的发展，方便国际结算

外汇作为国际结算的计价手段和支付工具，能够转移国际购买力，使国与国之间的货币流通成为可能，方便国际结算。在世界经济交往中，如果没有自由外汇，那么所有的交易不得不用黄金来充当“世界货币”进行支付结算，这种黄金结算将带来大量的运费和造成支付结算时间的长期延迟，由此产生的成本和风险都是巨大的。用外汇清偿国际债权债务，不仅能节省运送现金的费用，降低风险，缩短支付时间，加速资金周转，而且更重要的是运用这种信用工具，可以扩大国际信用交往，拓宽融资渠道，促进国际经贸的发展，同时维持本国汇率的稳定，促进经济发展与增长。

（二）有利于调剂国际资金余缺

世界经济发展不平衡导致了资金配置不平衡。在一定时点上，总是有的国家资金相对过剩，有的国家资金严重短缺，这在客观上存在着调剂资金余缺的必要。外汇充当国际支付手段，通过国际信贷和投资途径，可以调剂资金余缺，促进各国经济的均衡发展。同时，随着

跨国资金调剂的发展，国际金融市场也日益繁荣，世界经济的发展也实现了时间上的飞跃。

（三）丰富储备资产的形式

一国需要一定的国际储备，以应付各种国际支付的需要。在黄金充当国际支付手段时期，各国的国际储备主要是黄金。随着黄金的非货币化，外汇产生后，由于其在交易中使用的便利性，日益成为世界各国国际储备的重要组成部分，也是清偿国际债务的主要支付手段。外汇跟国家黄金储备一样，作为国家储备资产，国际收支发生逆差时可以用来清偿债务。

外汇在充当国际储备手段时，不像黄金那样必须存放在金库中成为一种不能带来收益的暂时闲置资产，它广泛地以银行存款和安全性好、流动性强的有价证券为存在形式，给持有国带来收益。

三、主要外国货币概览

目前，在全世界 170 多种可流通货币中，大约有 30 种货币属于交易活跃的。按照我国外汇管理的规定，我国银行只收兑其中的 20 多种外币。这 20 多种外币中，我国只办理美元、日元、欧元、英镑等货币的现钞兑换和汇户存款。此外，我国还可以办理加拿大元、瑞士法郎等币种的汇户存款。

在国际外汇市场上作为外汇交易的主要品种有美元、欧元、日元、英镑等少数货币，它们是构成各国储备资产中的外汇资产的主体，在国际外汇市场上有自己习惯的交易符号和国际标准的交易代码。我国的人民币虽然目前并不是国际外汇市场上的活跃交易品种，但也有自己的惯用符号，即“RMB¥”，国际标准符号为“CNY”。

（一）世界主要货币名称及符号

常见的自由兑换货币的名称及标准代码见表 7-1。

表 7-1　常见的自由兑换货币的名称及标准代码①

国际标准货币符号	货币名称	汉译
USD	US Dollar	美元
EUR	EURO	欧元
GBP	Pound Sterling	英镑
JPY	YEN	日元
CHF	Swiss France	瑞士法郎

① 由于外汇买卖是一项国际性的交易行为，因此货币的名称必须要统一。为方便电子化运作，各种货币的简称便有了国际标准，以免不同的地方出现不同的简称而产生混乱。国际标准货币简称为三个英文字母缩写，为首的两个字母是国际标准化组织（ISO）制定的货币发行国家和地区的代号。

续表

国际标准货币符号	货币名称	汉译
SEK	Swedish Krona	瑞典克朗
NOK	Norwegian Krone	挪威克朗
CAD	Canadian Dollar	加拿大元
AUD	Australia Dollar	澳大利亚元
SGD	Singapore Dollar	新加坡元
MYR	Malaysian Ringgit	马来西亚林吉特
THB	Thai Baht	泰国铢
KRW	Korea Won	韩国元
SDR	Special Drawing Right	特别提款权

（二）主要外国货币介绍

1. 美元

美元是美国官方货币，发行权由美国联邦储备体系控制。2001 年后，受美国经济增长放缓的影响，美国财政收入减少，美元也大幅贬值，美国政府出现严重的财政赤字，美国政府不得不向外国发行美国国债来增加政府的收入。此外，2008 年金融危机以来，作为全球主要结算货币的美元再次遭受信任危机。美元贬值导致全球性通货膨胀的压力增大，并且导致美元储备国持有的外汇资产财富缩水。

2. 日元

日元是日本的官方货币，其货币符号为“￥”，国际标准化组织 ISO 4217 将其代码定义为 JPY。日元纸币的发行者是日本银行（日本中央银行），日元硬币则由日本政府铸造。日元在全球外汇市场上扮演着重要角色，其汇率受到多种因素的影响，包括全球经济形势、国际贸易状况、货币政策等。因此，日元的汇率波动也是外汇市场关注的焦点之一。此外，日元在国际储备货币中也占有一定的地位，许多国家都持有一定数量的日元作为外汇储备。这也反映了日元在全球经济中的重要性和稳定性。

3. 英镑

英镑曾经在外汇市场中占有一定地位，英国因多年经济衰退，失业人数日渐增多，因此以高息来吸引外国资金。结果在 1992 年 9 月 11 日，英国中央银行宣布退出欧洲汇率机制（ERM），实行单独浮动，并减息 2.5%（由 15%减至 12.5%），随后再减 2.5%（由 12.5%减至 10%），最终减至 6.75%，令英镑由 1 英镑兑 2.01 美元跌至 1.3 美元。

4. 瑞士法郎

瑞士法郎是瑞士和列支敦士登的货币。瑞士本身是传统的中立国家，加上本国通货膨胀率低，黄金储备多，因此，瑞士法郎便成为传统的避险货币。由于瑞士发展稳定，本身汇率变化须取决于热钱进出情况及美元方向，周期较为明显，因此瑞士法郎也被认为适宜做短线投资。

5. 欧元

欧元于 1999 年 1 月正式在外汇市场进行买卖，而货币则在 2002 年 1 月正式流通。欧元现

在大多数欧盟成员国中使用，这些成员国包括德国、法国、意大利、荷兰、西班牙、葡萄牙、比利时、芬兰、奥地利、卢森堡、希腊、立陶宛、拉脱维亚、爱沙尼亚、斯洛伐克、斯洛文尼亚、马耳他、塞浦路斯等。

6. 澳大利亚元

澳大利亚元（Australian Dollar，简写为 A＄或 AUD）是澳大利亚、瑙鲁、图瓦卢和基里巴斯的官方货币。澳大利亚元主要在澳大利亚国内流通，同时也被瑙鲁、图瓦卢和基里巴斯等国家和地区采用为官方货币。澳大利亚元于 1966 年 2 月 14 日正式取代先前流通的澳大利亚镑，成为澳大利亚的官方货币。当时，1 澳元被设定为等于 1.12 美元，可兑换 0.5 个澳镑。随着时间的推移，澳大利亚元的汇率经历了多次波动和调整，逐渐发展成为国际金融市场上的重要货币之一。

拓展阅读

现钞和现汇的不同

现钞指外币现金或以外币现金存入银行的款项，主要指的是由境外携入或个人持有的可自由兑换的外国货币，简单地说就是指个人持有的外国钞票，包括纸币和铸币，如美元、日元、英镑等。现钞是具体的，实实在在的外国纸币和硬币。

现汇是账面上的外汇，是以外币表示的可以用作国际清偿的支付手段，指由国外汇入或由境外携入、寄入的外币票据和凭证，通过转账的形式，入到个人在银行的账户中。在我们日常生活中能够经常接触到的主要有境外汇款和旅行支票等。

在外汇指定银行公布的外汇牌价中，买入价要做现汇和现钞的区别，通常现钞买入价小于现汇买入价，而卖出价两者相同。因为当客户要把一定金额范围内的现钞转移出境时，既可以携带，也可以汇出。但当客户采取“汇出”时，由于现钞具有实物形态，银行必须从客户手中收取外币现钞清点、打捆、运送至货币发行地等过程所支付的必要费用，具体包括现钞管理费、运输费、保险费、包装费等。这些费用都由客户承担。此外，现钞需要积累到足够数量，银行才能把这些外币现钞运送到国外并存入国外银行，这些做完之后才能获得外汇存款利息。

而现汇作为账面上的外汇，它的转移出境只需进行账面上的划拨就可以了。因此，银行购入客户的现汇时，支付的本币数量较多，银行买入客户现钞使用的现钞买入价在直接标价法下要低于现汇买入价。外汇户与外钞户本息支取同种货币现钞时，均按 1：1 支取；而外钞户转为外汇户时银行要收取一定比例的手续费。在银行卖出外汇给客户的时候，不论客户支取现钞还是以现汇的形式存入外汇账户中，均按照比较高的价格收取客户的本币，因此并没有区分现钞和现汇，只报出统一的卖出价。

此外，在外汇买卖交易中，一般买卖的是现汇，即外汇存款账户中的“头寸”。特别是外汇实盘交易中，报出的都是现汇的价格。

第二节 理解汇率

汇率看不见，也摸不着，但是汇率不仅可以影响个人的生活，还可以影响公司，尤其是跨国公司的发展，甚至影响世界各国的经济。一直以来，世界各主要经济体都在共同合作、博弈，寻找一条通往公平与稳定的汇率之路。直到今天，人们的探索仍未停止。

一、汇率的概念和作用

（一）汇率的概念

外汇汇率（Foreign Exchange Rate）又称汇价、外汇行市，是指两种货币的折算比例，是用一国货币表示的另一国货币的数量或价格。

汇率作为一种交换或兑换比例，实质上反映的是不同国家货币价值的对比关系。[①]

（二）汇率的作用

汇率作为外汇的价格，其作用主要表现在以下几个方面。

第一，汇率是外汇买卖的必不可少的折算标准，缺少了汇率，外汇交易无从谈起。

第二，汇率架起了联系国内外货币价格的桥梁。有了汇率，人们可以轻而易举地将国内商品、劳务的本币价格转化为外币价格，反之亦然。其实，追溯汇率产生和发展的历史，我们可以清楚地发现，汇率正是早期地中海沿岸的商人们为了便利海上跨国贸易而发明的不同主权国家之间货币兑换的价格。

第三，汇率是调节国内经济的重要杠杆，国内有关宏观管理部门可以通过汇率的适时、适当调整达成特定经济条件和经济目标。

第四，汇率是经济决策的重要指示灯，决策部门通常选择将汇率作为经济决策的重要参考指标，为本国经济发展、贸易以及资本往来等方面提供参考。

① 美国国际经济学家英格拉姆对汇率做了如下比喻：“人们对于外国货币似乎像对外国语言一样陌生，一部字典能将外语译成本国语言，而汇率则能将外币表示的商品价格换算成本国货币表示的价格。”

二、汇率的标价方法

与实物商品的标价不同，描述两国货币的比例首要的是选择以哪国货币作为基准，这正是汇率标价方法所要解决的问题，确定的标准不同，汇率的标价方法就不同。根据作为基准货币的标准是外币、本币还是美元，汇率的标价方法可以分为直接标价法、间接标价法和美元标价法。

人们将各种标价法下数量固定不变的货币叫作基准货币（Based Currency）或被报价货币（Reference Cunency），把数量变化的货币叫作报价货币或标价货币（Quoted Currency）。

（一）直接标价法（Direct Quotation）

直接标价法又称应付标价法，是以一定单位的外国货币作为标准，折算为一定数额的本国货币来表示其汇率，即“外币固定本币变”。我们可以简单地将其理解为以本币表示的外币的价格，此时，是将外币视为“商品”。

例如，100 美元：632.21 元人民币。

汇率变动分析：一定单位的外币折合本币数额增加→外汇汇率上升→外币升值，本币贬值；反之亦然。

（二）间接标价法（Indiect Quotation）

间接标价法又称为应收报价法。与直接报价法相反，间接报价法是以一定单位的本国货币为标准，折算为一定数额的外国货币来表示其汇率，即“本币固定外币变”。此时，是将本币理解为待售商品，等待外国人持币来购买。

例如，纽约外汇市场：1 美元＝0.813 7 欧元。

汇率变动分析：一定单位的本币折合外币数额上升→汇率上升→外币贬值，本币升值；反之亦然。

（三）美元标价法（US Dollar Quotation）

各国外汇市场上公布的外汇牌价均以美元为标准，表示折合多少单位的其他货币，目的是简化报价并广泛地比较各种货币的汇价。

例如，苏黎世外汇市场：1 美元＝12 卢布。

汇率变动分析：汇率上升斗美元升值，其他货币贬值；反之亦然。

在直接标价法下，基准货币为外币，标价货币为本币；在间接标价法下，基准货币为本币，标价货币为外币；在美元标价法下，基准货币可能是美元，也可能是其他各国货币。

在直接标价法下，一定单位以外币折算的本国货币越多，说明本国货币的币值越低，而外国货币的币值越高；反之，则说明本国货币币值越高，而外国货币币值越低。同理，一定单位以外币折算的本国货币增多，说明外币汇率上涨，即外国货币币值上升或本国货币币值下降；反之，则说明外国货币币值下降或本国货币币值上升。在间接标价法下，此种关系正好与直接标价法下的情形相反。

三、汇率的种类

外汇汇率的种类很多，在实际使用、理论研究和分析中，不同场合会选择从不同的角度对其划分，划分标准不同，汇率就不同。

（一）买入汇率、卖出汇率、现钞汇率和中间汇率

从银行买卖外汇的角度出发，汇率可分为买入汇率（Buying Rate）、卖出汇率（Selling Rate）、现钞汇率（Cash Rate）与中间汇率（Middle Rate）。

外汇是一种特殊的金融商品，银行经营外汇买卖业务需要一定的成本，也需要一定的利润空间。因此，任何经银行进行的外汇交易在汇率报价时，都采用双向报价方式，即报价者（通常是银行）同时报出买入价格（Bid Price）和（Offer Price）。

1. 买入汇率

买入汇率又称买入价，指银行从同业或客户买入外汇票据时使用的汇率。在我国官方公布的外汇牌价中，根据银行从客户手中买入的是外汇现钞还是外汇现汇的不同，买入价进一步分为现汇买入价和现钞买入价。通常现钞买入价小于现汇买入价。

2. 卖出汇率

卖出汇率又称卖出价，是指银行向同业或客户卖出外汇时使用的汇率。买入汇率和卖出汇率都是从银行买卖外汇的角度来看的，银行买卖外汇遵循的原则是“贱买贵卖”。目的是赚取中间差价，这一差价（买卖汇价差额÷卖出价×100%）一般为1%～5%。买卖差价即为银行的手续费收入，这种差价收入代表银行承担风险的报酬。该差价越小，说明外汇银行经营得越有竞争性，即外汇市场的发达程度越高。

因此，外汇交易中往往会同时报出买入价和卖出价。在不同的标价方式下，买入汇率与卖出汇率的位置是不同的。在直接标价法下，前面一个小数字为买入汇率，后面的大数字为卖出汇率；而在间接标价法下，前面一个小数字为卖出汇率，后面的大数字为买入汇率。

例如，某日纽约外汇市场和伦敦外汇市场的报价如下。

纽约：USD1＝SF　1.750 5～1.753 5

伦敦：GBP1＝USD　1.887 0～1.889 0

需要注意以下几点。

（1）买入或卖出都是站在报价银行的立场来说的，而不是站在进出口商或询价银行的角度。

(2) 按照国际惯例，外汇交易在报价时通常可以只报出小数（如上例中的“05”“35”或“70”“90”），大数省略不报（如上例中的“1.75”或“1.88”），在交易成交后再确定全部的汇率“1.750 5”或“1.887 0”。

(3) 买价与卖价之间的差额，是银行买卖外汇的收益。

由上述可知，在实际外汇买卖业务操作中，一定要清楚，买入价和卖出价都是从银行的角度而言的。

3. 现钞汇率

现钞汇率是指银行买卖外币现钞时使用的汇率，包括现钞买入价和现钞卖出价。

4. 中间汇率

中间汇率（Middle Rate）又称中间价，指银行买入价和银行卖出价的算术平均数，即两者之和再除以2。中间汇率主要用于新闻报道和经济分析。

（二）基本汇率和套算汇率

按照制定汇率的方法不同，汇率分为基本汇率和套算汇率。

1. 基本汇率

基本汇率又被称为基础汇率，是指一国货币对某种关键货币的汇率。选择某一货币为关键货币（Key Currency），并制定出本币对关键货币的汇率，这一汇率就称为基本汇率（Basic Rate）。通常关键货币是指在一国贸易和收支中使用最多、在一国储备中占比最大，同时又可自由兑换、汇率行情稳定且被国际社会普遍接受的货币。例如，我国的关键货币一般是美元。但必须注意，一国的关键货币并不是一成不变的，可以随时在不同时期针对本国经济贸易变化情况做出最适当的调整。目前，在国际市场上进行外汇交易时，银行之间的报价一般采用以美元为标准，只报出美元对各国货币的汇价，也就是我们前面所说的“美元标价法”。各国均以美元为关键货币，报出本国货币与美元的汇率，即基本汇率。

2. 套算汇率

套算汇率在基础汇率的基础上套算出的本币与非关键货币间的汇率。例如：

基础货币：100美元=872元人民币

基础货币：1美元=1.526 5瑞士法郎

套算汇率：1瑞士法郎=5.420 3元人民币

两种汇率的标价法相同，即其标价的被报价货币相同时，要将竖号左右的相应数字交叉相除。

两种汇率的标价法不同，即其标价的被报价货币不同时，要将竖号左右的数字同边相乘。

(1) 关键货币同在一侧，交叉相除。

(2) 关键货币一个在左一个在右，同边相乘。

（三）即期汇率和远期汇率

按外汇买卖交割的期限不同，汇率分为即期汇率和远期汇率。

交割（Delivery）是指双方各自按照对方的要求，将卖出的货币解入对方指定的账户的处理过程。

即期汇率（Spot Exchange Rate）也叫现汇汇率，是指外汇买卖的双方在成交后，在当天或两个营业日以内进行交割的汇率。一般外汇汇率没有明确标明“远期”字样的都是即期汇率，实际交易中，即期汇率往往是远期汇率确定的基础。

远期汇率（Forward Exchange Rate）又称期汇汇率，是指外汇买卖的双方事先约定，据以在未来约定的期限办理交割时使用的汇率。远期汇率是远期价格，属于预约性交易，远期汇率与即期汇率的差额成为远期差价，如果远期汇率高于即期汇率，就是升水（At Premium），反之则是贴水（At Discount），远期汇率可以在即期汇率的基础上加升水或减贴水计算出来。升水表示远期汇率比即期汇率贵，贴水表示远期汇率比即期汇率便宜，平价（At Par）表示两者相等。升水和贴水的幅度一般用点数来表示，每点（Point）为万分之一，即0.000 1。

此外，汇率按外汇交易工具和收付时间的不同，分为电汇汇率、信汇汇率和票汇汇率；按衡量货币价值的角度不同，分为名义汇率和实际汇率；按不同的汇率制度，分为固定汇率和浮动汇率；按国家对汇率管制的程度，分为官方汇率和市场汇率；按国家制定汇率种类的多少，分为单一汇率和多重汇率；按交易对象划分，分为同业汇率和商人汇率。

第三节　外汇市场

一、外汇市场的概念

外汇市场（Foreign Exchange Market）是金融市场的重要组成部分，是指个人、企业以及银行等金融机构买卖外汇的场所，或者说是各种不同货币彼此进行交换的场所。在外汇市场上，外汇的买卖有两种类型：一是本币与外币之间的相互买卖，即需要外汇者按汇率用本币购买外汇，持有外汇者按汇率卖出外汇换回本币；二是不同币种的外汇之间的相互买卖。

由于传统习惯，外汇市场的形成有两种模式。一种模式是大陆式外汇市场，具有具体的交易场所，表现为外汇交易所这样有固定场所的有形市场，欧洲大陆的德、法、荷、意等国

的外汇市场就属于此类；另一种模式是英美式外汇市场，没有固定的交易场所，绝大部分交易是在无形、抽象的市场上进行的，参加外汇交易的经纪人、银行以及客户通过电话、网络，有的根据协议进行外汇买卖和借贷，其典型代表是英、美、日等国的外汇市场。20 世纪八九十年代以来，国际上一些大型商业银行和其他金融机构专门设立独立的外汇交易室或外汇交易部，外汇交易员通过交易室中的计算机终端、专用电话、电传等高技术的通信设备直接进行外汇的报价、询价、获取最新信息，并与外汇经纪人、顾客谈判成交，使全球外汇市场形成了紧密联系的电子通信网络。

最初，外汇市场的产生主要是为了满足贸易结算的需要。后来，随着交易手段的现代化和国际资本流动的巨大发展，外汇市场的发展已经远远超越了最初的贸易结算的附属地位，目前外汇市场已经成为世界上规模最大、最有影响的国际金融市场。

二、外汇市场的参与者

外汇市场的参与者众多，可以划分为以下六类。

（一）外汇银行

外汇银行（Foreign Exchange Bank）是指各国中央银行指定或授权经营外汇业务的商业银行。就某一国的外汇银行而言，它不但包括专营或兼营外汇业务的本国商业银行，还要包括经营外汇业务的在本国的外国银行的分行。外汇银行是外汇市场上最重要的参加者，是外汇市场上交易的中心。

外汇银行进行外汇交易主要有三个目的：一是代客买卖外汇，获取手续费和佣金收入；二是调整外汇头寸，规避外汇风险；三是出于保值或投机目的进行同业间外汇交易。

（二）外汇经纪商

外汇经纪商（Foreign Exchange Broker）是指专门在外汇交易中介绍成交，充当中介，从中收取佣金的中间商。外汇经纪商分为一般经纪商和跑街经纪商两类。其熟悉外汇供求情况和市场行情，本身并不买卖外汇，而是在可能的买主和卖主之间活动，促成交易，从中获取手续费（佣金）。

（三）外汇交易商

外汇交易商是指运用自有外汇经营外汇买卖业务的机构。这类机构多数是信托公司、银行的兼营机构或票据贴现公司。其利用自己的资金，根据外汇市场的行情，赚取买卖中的差价。外汇交易商可以自己直接买卖外汇，也可以通过经纪人交易。

（四）进出口商及其他外汇供求者

进出口商在经营进出口业务时需要用外汇支付运费、保险费、差旅费、手续费等，出口商是外汇市场上外汇的主要供给方，进口商是外汇市场上外汇的主要需求方。当然，还有一些其他原因产生的外汇供求。

（五）中央银行

中央银行在外汇市场上一般不进行直接的、经常性的买卖，主要通过经纪人和商业银行进行交易，当涉及本币的汇率发生剧烈波动时，中央银行通过买卖外汇来干预外汇市场，借以缓和外汇市场的波动，稳定汇率，并执行本国的货币政策。

（六）外汇投机者

外汇投机者在外汇市场上兴风作浪，预测汇价的涨跌，以买空或卖空的形式，根据汇价的变动低买高卖，赚取差价。这些人往往是活跃外汇交易的重要力量，但过度投机常会带来汇价的大起大落，扰乱外汇市场的正常秩序。

三、外汇市场的分类

（一）有形市场和无形市场

根据有无固定场所划分，外汇市场可以分为有形市场（Visible Market）和无形市场（Invisible Market）两类。有形市场就是大陆式市场，如巴黎、法兰克福、阿姆斯特丹等地的外汇市场。无形市场就是英美模式的外汇市场，典型代表就是伦敦、纽约、东京等地的外汇市场，世界主要的外汇市场都属于此类市场。

（二）外汇批发市场和外汇零售市场

根据外汇交易主体和交易量划分，外汇市场可以分为外汇批发市场和外汇零售市场。这一划分标准涉及外汇市场的层次问题。外汇批发市场包括银行同业之间的外汇交易、商业银行与中央银行之间的外汇交易。外汇零售市场是指银行与顾客之间的外汇交易。外汇批发市场是拥有最大交易规模的金融市场，持续在线、24 小时运转，因具有信息瞬间传递突破空间障碍、极小的买卖价差和汇率的及时反应等特点，是公认的有效市场。

（三）国内外汇市场和国际外汇市场

根据市场范围划分，外汇市场可以划分为国内外汇市场和国际外汇市场。国内外汇市场是指外汇交易仅仅局限在一国领土范围内的外汇市场，必须接受市场所在国法律法规的监管，风险较小。国际外汇市场是指在一国领土范围之外进行外汇交易的市场，管理相对宽松，因而风险较大。

（四）官方外汇市场、自由外汇市场和外汇黑市

根据外汇管制的程度划分，外汇市场可以分为官方外汇市场、自由外汇市场和外汇黑市。官方外汇市场是在所在国政府控制下，按照官方规定的汇率进行交易的外汇市场，在发展中国家存在比较普遍。自由外汇市场不受市场所在国政府控制，按照市场汇率进行交易，国际上主要的外汇市场都属于自由外汇市场。外汇黑市是在外汇管制比较严格、不允许外汇自由交易的国家出现的非法外汇市场。

（五）即期市场、远期市场、期货市场、期权市场和互换市场

根据交易工具划分，外汇市场可以分为即期市场、远期市场、期货市场、期权市场和互换市场。

四、外汇市场的特点

外汇市场是一个从事外汇买卖、外汇交易和外汇投机活动的系统。其具有以下特征。

（一）全球外汇市场在时空上已连成一个全球性市场

现代通信设施的迅速发展以及世界性外汇交易网络系统的形成，已使世界各地的外汇市场相互连成一体，外汇市场参与者可以在世界各地进行交易。从时间上看，由于英国已将传统的格林尼治时间改为“欧洲标准时间”，英国与西欧原有的时差（1 小时）消除了，整个西欧外汇市场统一了营业时间。当西欧从早上开始到下午 2 点结束营业时，纽约外汇市场刚好开张；而纽约外汇市场结束营业时，正是东京市场开始营业的时间；东京市场收盘时，又与西欧市场相接。如此首尾相接，周而复始，可以使全球范围内不同市场的外汇交易在一天 24 小时内都可以成交，世界各地的外汇市场已经变成了一个全球一体化的市场。在 24 小时交易中，欧洲市场与美国市场交叠的时间是全球外汇交易量的最大时段。首先，最初的 24 小时交易是指跨时区的不同市场形成的连续交易状态，即跨市场的相同品种金融产品的交易。其次，某个交易所不断扩展自己的交易时间，对于在本交易所上市的产品实现 24 小时不间断的交易状态。最后，不同的交易所形成联盟合作关系，在交易所之间形成通用的交易平台。各交易所的投资者都可以利用此交易平台交易各种金融产品，由此形成了跨时区、跨地区、24 小时连续不停的交易形式。

（二）以无形交易为主的市场

在外汇交易中，无形市场已经成为当代外汇市场的主要形态。世界上大部分的外汇交易是通过现代化的电子通信设备进行的，不受场地限制，交易速度很快。目前，一般大银行都设有专门的外汇交易室，外汇交易十分便利。

（三）价格波动剧烈、投机活动异常猖獗的市场

在世界各国普遍实行浮动汇率制的情况下，汇率直接受到市场供求关系的影响，因而波动相对频繁、剧烈。尤其是投机性的外汇交易，更是加剧了汇率的不稳定，因而外汇交易的市场价格风险很大，但同时现代通信技术的应用也使各地外汇市场之间的汇率趋于一致。

（四）交易方式多样化、交易规模最大的市场

外汇市场自产生以来，交易量不断增长，交易范围不断扩大，由此使外汇市场的风险也在不断地增大。为了减少汇率风险，在外汇的即期交易、远期交易、期货交易和期权交易的基础上，产生了大量的新的金融衍生工具，而且许多新的外汇交易工具和交易技术还在不断地涌现。外汇市场呈现多样化的交易格局，外汇交易活动越来越复杂化。

（五）交易对象相对集中的市场

外汇市场的交易对象相对比较集中，主要是美元、日元、欧元、英镑、瑞士法郎和加拿大元等货币，其他货币交易量占的比例较小。

（六）开放的市场

外汇市场实际上是国际资金流动的一个中转站，无论是国际贸易还是国际投资，都需要通过外汇市场来完成国际资金流动。因此，国际金融市场上各个市场资金流动都对外汇市场产生影响，这使外汇市场成为一个开放的市场。

五、外汇市场的作用与功能

（一）实现购买力在国际的转移

实现购买力在国际的转移是到目前为止外汇市场的首要功能。一个国家对外汇的需求产生于人们到国外旅行、从国外进口商品或到国外投资等经济活动。一个国家的外汇供给来源于外国人在本国旅游花费、出口或外国对本国的投资等经济活动，所有这些经济活动均需实现购买力在国际的转移。这是由于各国（或一些具有特殊地位的地区）均有自己的货币这个客观事实决定的。外汇市场的存在便是贸易、投资的日益国际化而货币还是具有强烈的主权特征这个矛盾的反映。外汇市场的存在对于缓和这个矛盾具有很重要的意义。但是，应该注意到，外汇市场并没有彻底解决这个矛盾。当外汇市场剧烈动荡时，国际贸易与国际投资活动会受到很大影响。

（二）提供外汇资金融通，为国际经济交易提供信贷或融资

在国际贸易中，进口方往往需要出口方给予一定的信贷以完成运输和销售。实际上，在

一般情况下出口方会接受 90 天后付款的条件。但是，这并不意味着出口方在这段时间必须等待。出口方往往到银行将进口方的付款义务贴现。出口方会马上获得支付，银行等到期后会向进口方收回货款。在这个过程中，银行实际上提供了信贷。由于这种做法很普遍，所以提供信贷或融资成了外汇市场的一个重要功能。

（三）提供外汇套期保值与投机活动的场所

套期保值与投资的详细定义我们后面要涉及，这里不详细解释。从两个例子可以了解外汇市场这一功能。比如你是一个出口商。现在你出口到美国一笔价值 1 000 万美元的货物，并和进口方约定 3 个月以后用美元付款。由于 3 个月期间美元与人民币的汇率会发生改变，你承担着汇率风险。如果你想避免汇率风险，你可以马上到银行卖出一笔 1 000 万美元的 3 个月美元期汇。3 个月以后你用你收到的货款和银行交割你卖掉的美元。由于你卖出美元期汇时已经约定了交割价格，无论这 3 个月美元与人民币汇率如何变动均对你最终可收回的人民币数额无影响。这样你避免了汇率风险。如果你这样做了，你就是一个套期保值者，外汇市场为你提供了便利。

又如，假定现在人民币与美元的汇率为 1 美元兑换 6 元人民币。如果你预测人民币与美元的汇率一年后很可能变动为 1 美元兑换 10 元人民币，并且你想从此汇率变动中获利，你可以现在用 1 美元兑换 6 元人民币的价格购入若干单位美元。一年以后，如果人民币与美元的汇率果真如你所料，你可以将你购入的美元抛出。如果不考虑费用，你买卖 1 美元会有 4 元人民币的收益。这就是一种简单的投机活动，同样利用了外汇市场。

（四）提供宏观调控机制

这是指外汇市场便于中央银行进行稳定汇率的操作。由于国际短期资金的大量流动会冲击外汇市场，造成流入国或流出国的货币汇价暴涨或暴跌，需由中央银行进行干预，中央银行通过在外围大量抛出或买进汇价过分涨跌的货币，使汇价趋于稳定。

（五）防范汇率风险，提供避免外汇风险的手段

有些公司或银行，有远期外汇的收支活动，由于远期汇率变动而蒙受损失，可以通过外汇市场进行远期外汇买卖，从而避免外汇风险。

思考练习

1. 简述外汇的含义、特点及作用。
2. 简述汇率的含义、作用和主要类型。
3. 简述外汇市场的类型、特点和功能。

4. 请认真分析表 7-2 给出的 2018 年 3 月 10 日 05：51：45 北京银行的人民币即期外汇牌价表的部分内容，并回答问题。

表 7-2　北京银行人民币即期外汇牌价（2018 年 3 月 10 日 05：51：45）

交易单位：人民币/100 外币

英文代码	中文代码	银行现汇买入价	银行现钞买入价	银行卖出价	中间价
GBP/CNY	英镑/人民币	939.26	916.65	944.91	942.09
HKD/CNY	港币/人民币	83.67	83.19	83.96	83.82
USD/CNY	美元/人民币	649.29	646.36	651.89	650.59
CHF/CNY	瑞士法郎/人民币	669.73	653.61	673.77	671.75
SEK/CNY	瑞典克朗/人民币	80	78.08	80.49	80.25
JPY/CNY	日元/人民币	6.057 8	5.912	6.094 3	6.076 1
CAD/CNY	加拿大元/人民币	503.7	491.57	506.73	505.22
AUD/CNY	澳门元/人民币	479.54	467.99	482.42	480.98
EUR/CNY	欧元/人民币	739.71	722.64	744.16	741.94
NZD/CNY	新西兰元/人民币	444.74	434.04	447.42	446.08

【思考】

(1) 什么是汇率？从表 7-2 中数字来看，人民币对美元的汇率采取什么样的标价方式？含义是什么？

(2) 什么是汇率的“中间价”？

(3) 表 7-2 给出的人民币对美元的汇率是我国的基本汇率还是套算汇率？为什么？

(4) 比较表 7-2 中人民币对各种外币的外汇牌价中的现钞汇率、现汇汇率的买入价格和卖出价格有什么不同，并说明理由。

第八章 中央银行

学习目标

了解中央银行的发展过程。

掌握中央银行的性质和职能。

掌握中央银行的业务种类和范围。

理解中央银行产生的必要性及发展趋势。

理解中央银行的业务运作过程。

理解与中央银行相关的金融现象。

能够分析中央银行的金融政策对金融经济的影响。

案例导入

美国中央银行的建立

美国联邦储备系统（以下简称美联储）是美国的中央银行，从1913年到现在，美联储已存在100余年。历史上，美国曾多次试图成立一个中央银行，但因为议员及总统担心央行权力过大，或央行会被少数利益集团绑架而没有成功。美国建国之初，是由一些独立的州以联邦的形式组成的松散组织，大部分的行政权力主要集中在州政府，而非联邦政府。因此，成立中央银行这样一个联邦机构的想法会引起各州的警觉，人们担心联邦政府想以此为名来扩大自己的权力范围。

美国的第一任财政部部长汉密尔顿在美国独立战争结束后，向国会提议成立一个全国性的银行。汉密尔顿是领导美国独立战争和起草宪法的几个领袖之一，和华盛顿等人一起被誉为美国的"开国之父"。汉密尔顿提议成立一个唯一的全国性银行，主要负责帮助美国各州发行债券，以逐步偿还独立战争时期累积的债务。另外，该银行还可帮助保管财政部的存款及处理其他联邦政府财务上的收支。汉密尔顿的这个提议当时遭到了强烈反对，反对者主要担心三个方面：其一，这样一个全国性银行比其他银行有更多竞争优势，会造成它在私营银行业务上的垄断；其二，该银行超出美国宪法规定的联邦政府权限；其三，成立全国性银行会削弱各州政府的权力。汉密尔顿力排众议，于1791年在费城成功建立了这样一个银行——美国第一银行，但国会只批准第一银行经营20年。20年后，必须获得国会批准，第一银行才能继续存在。

美国第一银行并不是现代意义上的中央银行，它实际上仍是一个私人性质的商业银行。第一银行和其他银行一样吸收储户的存款和发放商业贷款。另外，第一银行按照股份制方式成立，股票在市场上公开出售，股东和其他上市公司股东一样分配红利，决定第一银行如何经营。唯一不同的是：其他商业银行属于州内银行；而美国第一银行是全国性质的银行，在全美开展业务，而且是唯一一个为美国财政部提供服务的银行。1811年，第一银行的20年经营期限到期之后，国会没有批准它继续存在。第一银行被迫关闭。

1812年，英美再起战争冲突。由于缺乏一个有效的中央银行系统和全国统一的金融市场，美国的州内银行陷入一片混乱。为了恢复银行秩序和处理战争债务，美国再次考虑成立一个类似第一银行的中央银行。1816年，由美国国会投票通过，麦迪逊总统签署法案成立了美国第二银行。和第一银行类似，国会也只给第二银行颁发了20年执照。同样，20年期限到期后，国会没有批准它继续存在，美国第二银行重蹈第一银行覆辙被迫关闭。

在美国第二银行关闭后的70多年里，美国政府没有再试图建立一个类似中央银行的机构。在此期间，美国的金融市场经历了放任自流式的大发展。但随着金融市场的不断扩张，放任自流式银行体系的缺点也越来越多地暴露出来，银行挤兑造成市场崩溃的情况经常发生。美国在1873年、1884年、1890年、1893年、1907年都发生过由于挤兑造成银行大规模倒闭

的金融危机。尤其是在1893年的危机中，美国有超过500家银行相继倒闭，很多人的毕生积蓄可以说一夜之间付诸东流。金融危机不仅给个人和家庭造成巨大的财富损失，整个美国经济也由于金融业无法正常运转而陷入了长时间停滞。沉寂了10年之后，金融危机于1907年在美国再度爆发。危机爆发的导火线是股票市场上一些投机者试图操纵美国联合铜业公司的股票，但没有成功。贷款给这些投机者的银行和信托投资公司因此损失惨重。1907年10月，纽约第三大信托投资公司可尼克波克被迫宣布破产。当年可尼克波克的破产引发了一场席卷美国的金融“海啸”。存款者人人自危，纷纷从银行等金融机构提款以避免损失。由于金融恐慌，银行间也失去信任，相互间的借贷完全冻结。此时，某个银行一旦出现储户挤兑，由于无法向其他银行贷款来应对挤兑，最终往往只能以破产收场。这种银行挤兑很快从纽约蔓延到全国各地，一场类似1893年金融危机的市场崩溃即将发生。

当时，美国著名金融公司摩根大通的创始人摩根意识到了问题的严重才开会，要求大家一起拿出资金帮助面临挤兑的银行。而摩根自己也身先士卒，拿出资金帮助金融市场度过危机。1907年的金融危机结束后，美国参议员奥尔德里奇组织了一个委员会，专门负责调查金融危机的成因以及教训。在1907年的危机中，尽管仍有将近100家银行因为挤兑而倒闭，但与1893年500多家银行倒闭相比，算是一个不错的结局。摩根带领其他金融机构挺身而出，为遭受挤兑的银行提供流动资金是1907年危机成功化解的一个重要因素。但这种依赖金融市场上某个人的能力解决危机的方式存在很多不确定性，最好用法律形式赋予某个机构稳定金融市场的职能来缓解危机。因此，奥尔德里奇花了将近两年时间考察欧洲国家的中央银行，并对欧美金融市场进行了系统的比较分析。随后，他起草了被称为《奥尔德里奇计划》的提案，主张美国应该模仿欧洲国家成立一个统一的中央银行。今后再发生类似1907年的金融危机时，该中央银行可以向被挤兑的银行提供紧急贷款，以此稳定金融市场信心。1913年，美国国会最终达成一致意见，通过了《联邦储备法案》，威尔逊总统签署了该法案，正式宣告美联储成立，即美国的中央银行正式成立。

【思考】

（1）什么是中央银行？

（2）中央银行与普通的商业银行相比，有怎样的特殊性？

（3）美国中央银行的演化经过了怎样的历程？

（4）中央银行有哪些职能？

第一节　中央银行的产生和发展

一、中央银行产生的背景

自17世纪中央银行出现至今已经有300余年的历史，随着金融活动成为现代经济的核心，中央银行的作用日益突出。目前，中央银行制度已成为一个国家最基本的经济制度之一。

（一）商品经济的快速发展

在13世纪、14世纪的欧洲，商品经济已经得到初步发展。15世纪、16世纪，欧洲资本主义制度开始形成，社会生产加速转向商品化。17世纪的欧洲，随着纺织、酿酒、食品和农具制造业脱离农业成为新的独立部门，工商业和新式农业逐渐占据了社会生产的主导地位，商品经济获得迅速发展。到了18世纪，工业革命使得资本主义社会的经济发展方式发生了深刻的变化，商品交换这一经济活动无论从地域还是数量都被急剧放大，为中央银行职能的逐步完善提供了条件。

（二）商业银行的普遍设立

商品经济的快速发展为货币经营商转变成银行创造了条件。传统的货币经营商者已不能满足规模不断扩大的工商企业对资本的需求；同时，工商业活动产生的庞大的资金流量也为货币信用提供了大量的廉价资金。银行业正是顺应客观经济发展的这一需求而产生的。

银行业的最初形成是在13世纪至14世纪，最先出现在经济贸易比较发达的欧洲。16世纪以后，银行的设立和发展也出现了一个高潮。意大利、法国、德国、英国等国涌现了一大批银行，银行业的发展不仅体现在银行数量的迅速增加，而且体现在银行业务方面，即银行业务完全脱离货币兑换、金银保管等的传统形式，发行银行券、为企业办理转账和为新兴行业提供融资及服务成为银行的重要业务。

（三）信用关系的广泛存在

随着商品经济的快速发展，以货币关系为特征的银行信用逐步替代商业信用成为信用的主要形式。特别是在现代银行成立之后，货币成为信用的主要载体，货币和信用观念深入人心，促进了资本主义银行业的蓬勃发展。

一方面，银行为企业的资本联合和社会筹资提供条件与便利，如为股份公司代理发行股

票、代付股息和建立股票转让市场，为多种形式的企业代理各类债券发行、转让和还本付息等；另一方面，银行直接提供贷款、扩大企业资金，并通过商业票据承兑、贴现、抵押放款等方式把商业信用转化为银行信用，使信用范围和规模进一步扩展，从而为社会化大生产和商品经济的蓬勃发展提供了条件。

（四）经济中出现新的问题

在17世纪至18世纪初，信用制度和银行体系已成为当时商品经济运行体系的重要支撑。但这时的信用制度特别是银行信用体系还比较脆弱，银行的大量设立和业务活动的创新以及信用规模的扩大缺少有效的、稳定的制度保证。经济中出现以下新的问题。

一是银行券的分散发行问题。因为银行的经营规模和信誉不同，这些银行发行的银行券被社会接受的程度差异很大。一些小银行由于经营规模小和知名度有限，其发行的银行券的社会认知度低，流通范围受到限制，阻碍了商品经济的发展。

二是票据交换和清算问题。信用制度的发展使商业银行相互之间的债权、债务关系日益复杂，需要进行交换的票据数量和清算的业务量迅速增加，使规模有限的商业银行难以应付，从而降低了清算速度。商业银行的规模有限，使得可以清算的债权、债务关系的范围有限，给票据的交换带来了麻烦，也降低了清算速度。

三是银行的破产倒闭问题。银行的破产倒闭使信用体系和经济运行不断受到冲击。银行经营规模小，抵御风险的能力就差。债权、债务清算效率低下，容易造成信用链断裂，使得银行倒闭经常发生，破坏了信用体系和经济体系的正常运行。

四是金融监督与管理问题。缺少统一规则的竞争使金融秩序经常出现混乱。银行业的激烈竞争迫使一些银行破坏货币发行纪律，滥发货币，造成货币兑付困难。一些银行高息揽储，铤而走险，增加了金融秩序的混乱程度。金融的稳定运行需要一个公平、健全的规则和机制。而当时各个银行的运作一般是依据各自的经营原则进行的，尽管在运作过程中各银行之间也形成了某些约定，但这些约束的效力是有限的，导致金融活动经常出现无序甚至混乱状况。因此，要保证经济金融稳定，减少金融运行的风险，政府对金融业进行监督管理是极其必要的。

面对现状，一些国家的政府开始从制度上寻找原因，试图建立一种有效的制度即中央银行制度，以稳定信用制度和银行体系，避免频繁发生经济危机和金融危机。

二、中央银行的形成和发展

从发展过程来看，中央银行的产生一般有两条途径：一是由信誉好、实力强大的大银行逐步演变形成。在演变的过程中，政府根据客观需要不断赋予其某些特权，使之逐步具有中央银行的特征并最终成为中央银行。二是由政府出面直接组建中央银行。英格兰银行是前者的典型，在中央银行的形成历史上产生了重要影响，可以说英格兰银行的历史就是一部中央银行的形成史。

中央银行的产生晚于商业银行，其起源于17世纪中后期。1694年，历史上最早的股份制银行——英格兰银行诞生。英格兰银行成立伊始就与英国政府保持了特殊的关系，在以后的发展中成为最早具备最完整的中央银行特征的银行，后来逐渐成为其他国家建立中央银行的范本。

（一）英格兰银行的产生

英格兰银行在中央银行制度的发展史上是一个重要的里程碑，其与英国政府的特殊关系使它最早具有中央银行的基本性质和特征。

威廉三世时，英国政府财政困难，需要大量款项。苏格兰人威廉·佩特森主张募集120万英镑资本组建银行，为政府垫款。英格兰银行遂于1694年7月27日由英国国会决议设立，并取得了不超过资本总额的钞票发行权。当时，它借给政府的资本数目共计120万英镑，每年可向政府支取10万英镑，其中9.6万英镑为利息（年利率为8%），0.4万英镑为管理费。截至1746年，英格兰银行已借给政府1 168.68万英镑，并提出“英格兰不能有第二家银行由国会决议设立”“英政府稳定，英格兰银行亦随之稳定”等主张。1826年，英国国会通过法案，准许其他股份银行设立，并可发行钞票，但限制在伦敦65英里以外，以示有别于英格兰银行。1833年，国会准许股份银行在伦敦经营存款业务，但规定只有英格兰银行发行的钞票才具有无限法偿资格。

1825年和1837年，英国爆发了两次历史上最早的周期性经济危机，它冲击了整个英国的国民经济，危机的爆发一般是从货币信用领域开始的。1821—1825年，英国棉纺织和冶金工业生产增长了50%，信用扩张迅速。同时，英国对拉丁美洲的投资扩大，特别是矿业公司的股票被虚幻地看涨，促成了股票交易所的投机狂热。生产盲目增长超过了市场容量，于是1825年首先爆发了证券交易所危机，股票行市下跌40%～70%。接踵而来的是支付手段缺乏，货币不足，信用中断，存款挤提，贷款被迫冻结。1825—1826年，有100多家银行倒闭，并且发生了国际收支逆差，黄金外流，存款人和银行券持有者对银行失去了信心。整个社会开始寻找危机的根源，从而产生了一场关于银行券发行保证的大讨论。

当时不同派别对发行方式争议颇大，银行学派认为钞票乃商业发展的需要，应由银行处置，政府不得干涉；通货学派认为钞票是现金代用品，政府对准备金应加以规范。由于当时银行券停止兑现和银行券贬值对人们产生了深刻影响，致使通货学派的主张得以实施。1844年7月29日，英国国会通过了《银行特许条例》（由英国首相比尔主持通过，故亦称《比尔条例》）。

《银行特许条例》规定英格兰银行在1844年8月31日以后划分为发行部和银行部。前者以1 400万英镑的证券（证券准备金，其中的1 101.51万英镑是政府对该银行的债务）及营业上不必要的金属贮藏的总和发行等额的银行券（包括流通中的银行券）。用证券准备金发行的银行券不得超过1 400万英镑，逾额应全额以金银为准备金。发行部保持的金银，无论何时都不得超过金属储藏的1/4。此后，英国的银行数量逐渐减少，英格兰银行一步步地垄断了全国的货币发行权，并于1928年成为英国唯一的发行银行。

随着英格兰银行发行权的扩大，其地位日益提高，许多商业银行便把现金储备的一部分存入英格兰银行，商业银行之间的债权、债务关系也通过英格兰银行来划拨冲销，而票据交换的最后清偿也通过英格兰银行进行。在后来几次经济危机的冲击下，英格兰银行岿然不动，从而取得了更多商业银行的信任。1854 年，英格兰银行取得清算银行的地位。1825 年和 1837 年的两次经济危机中，英格兰银行曾经对普通银行提供贷款。1847 年、1857 年和 1866 年的周期性经济危机中，英国国会批准英格兰银行的货币发行暂时突破 1400 万英镑的限制，用它的银行券支持一般银行，充当了最后贷款人的角色。英格兰银行经过长期的摸索，终于形成了灵活的再贴现政策和公开市场操作等调节措施，从此奠定了近代中央银行理论和业务形成的基础。

（二）中央银行的发展

1. 中央银行的推广

第一次世界大战使得货币制度面临巨大考验，战前各国大多采用金本位制，战时都停止了兑换黄金并禁止黄金出口；同时，为了适应战时财政需要，各国中央银行大肆发行货币，向财政大量借贷，引起了严重的通货膨胀。

第一次世界大战结束后，各国都深受通货膨胀的困扰，深感稳定币值的必要性。于是 1920 年在比利时的首都布鲁塞尔举行了历史上第一次国际金融会议。会议强调通货膨胀的根源是财政赤字，稳定币值的关键是财政平衡，货币发行银行要摆脱各国政府政治上的控制。由于银行券已经代替贵金属成为流通货币，要完全恢复金本位制比较困难，因此，会议建议各国建立中央银行，由中央银行集中发行货币，这样有利于控制货币发行和稳定币值。

1922 年，国际经济会议在瑞士日内瓦召开，又重申和强调了布鲁塞尔会议的决议，建议尚未建立中央银行的国家要尽快建立中央银行，共同维持国际货币体系和经济的稳定。这一时期对中央银行制度建设最重要的贡献是进一步统一了货币发行。1921—1942 年，新成立的中央银行有 43 家：欧洲 16 家、美洲 15 家、亚洲 8 家、非洲 2 家、大洋洲 2 家。世界上的主要国家差不多都在这一时期建立了中央银行。

在此阶段，中央银行制度的推广具有以下三个特点。

（1）大部分中央银行不是由商业银行自然演进形成的，而是迫于通货膨胀的压力，依靠政府的力量创建的。

（2）大部分中央银行在经历短暂的金本位制以后，对货币发行制度进行了改革，即恢复了虚金本位制（又称金汇兑本位制），建立了比例准备金制度并且垄断了货币发行权，停止为政府财政直接提供贷款，并把稳定币值当作中央银行的首要任务。

（3）由于 20 世纪 30 年代的经济大危机导致大量金融机构倒闭，给社会经济造成了巨大的震荡和破坏，人们认识到保持金融机构和金融体系稳定的必要性，进一步增强了存款准备金制度，使之成为中央银行管理金融的重要手段。

2. 现代中央银行的建立

第二次世界大战结束以后，各参战国都面临重建经济的任务。在凯恩斯宏观经济理论的指导下，中央银行成为国家干预和调节经济、稳定金融市场的必不可少的工具。

首先，在信用货币制度下，中央银行成为唯一的货币发行者，虽然其他金融机构也参与信用供应，但是信用供应量的大小最终取决于基础货币的多寡。

其次，中央银行的货币发行数量不再像金本位制那样依赖持有的黄金数量，而是可以根据货币政策的需要灵活决定。

此时期对于中央银行的认知变化有：中央银行作为金融管理当局需要采取中性立场，以社会利益为目标；中央银行不应以营利为目标：信用货币发行产生的巨额利益应归于国家。

再次，中央银行调节经济的手段进一步成熟。中央银行彻底放弃了商业银行业务，专门行使中央银行职能。美联储在 1920 年偶然参与债券买卖，发现公开市场的债券买卖比再贴现政策对货币供应量的影响更大，对信用量的调节更有效果。受此启发，各国中央银行纷纷仿效美联储，以普通买卖者的身份积极参与公开市场交易。

最后，存款准备金制度的功能由防止流动性危机转变为货币政策工具。存款准备金制度的初衷是集中清算和通过强制集中商业银行的存款准备金，来增强商业银行以及银行体系抵御流动性危机的能力。但是，在 1933 年美国建立了联邦存款保险公司（FDIC）和其他存款保险机构以后，商业银行以及其他存款货币银行发生流动性危机的可能性大大降低，存款准备金制度从原来防止流动性危机功能转变为中央银行调节货币供应量的政策工具。

三、中央银行制度的类型

目前世界各国基本上实行了中央银行制度，但由于各国的体制和发展历史的不同，各个国家形成了不同类型的中央银行制度。

（一）单一型中央银行制度

单一型中央银行制度是指国家建立单独的中央银行机构，使之全面纯粹地行使中央银行的职能。这种类型又分为一元式和二元式中央银行制度。

一元式中央银行制度是指仅有一家中央银行行使中央银行的权力和履行中央银行的全部职能。这种形式的中央银行的特点是权力集中统一、职能完善。根据需要在全国设立一定数量的分支机构，分支机构的多少依据各国中央银行的性质及其在本国经济中的地位而定。这种中央银行制度是最完整和标准的形式，目前世界上绝大多数国家的中央银行制度采取这种形式。

二元式中央银行制度是指整个国家的中央和地方都设立中央银行并分别行使金融管理权，不同等级的中央银行共同组成统一的中央银行体系。中央级中央银行和地方级中央银行在货币政策方面是统一的，中央级中央银行是最高金融决策机构，地方级中央银行要接受中央级中央银行的监督和指导。但在货币政策的具体实施、金融监管和中央银行有关业务的具体操

作方面，地方级中央银行在其辖区内具有一定的独立性，与中央级中央银行不是总、分行的关系，而是依法律规定分别行使其职能。一般来说，实施此种中央银行制度与实行联邦制的国家体制有关，美国是其典型代表。

（二）复合式中央银行制度

复合式中央银行制度是指国家不单独设立专司中央银行职能的中央银行机构，而是由一家集中央银行职能与商业银行职能于一身的国家大银行兼顾中央银行的职能。这种中央银行制度往往与中央银行处于初级发展阶段和国家实行计划经济体制相对应。

（三）准中央银行制度

准中央银行制度是指某些国家不设通常意义上的完整的中央银行，而是设立类似中央银行的金融管理机构，执行部分中央银行职能，或者由政府授权某家或几家商业银行承担部分中央银行职能。采取这种制度的主要是地域较小且同时又有一家或几家银行在本国或本地区处于垄断地位的国家和地区。目前，新加坡、马尔代夫、斐济、沙特阿拉伯、塞舌尔和我国香港特别行政区等实行这种准中央银行制度。

香港的准中央银行制度

我国香港特别行政区采用准中央银行制度。港币由汇丰银行、渣打银行和中国银行发行。货币发行于1983年进一步实行与美元挂钩的货币局制。在金融监管方面，在1993年以前，香港长期采取自由放任的方针，不设金融管理机构。1993年，香港设立香港金融管理局，由该局行使非常有限的货币政策制定、金融监管和支付体系管理职能。票据清算由汇丰银行负责。香港特别行政区政府财政资金的进出根据《公共财政条例》由财政司司长书面授权民间银行办理。

（四）跨国中央银行制度

跨国中央银行制度是指若干国家联合组建一家中央银行，各成员国不专设自己的中央银行，由这家跨国中央银行在其成员国范围内行使全部或部分中央银行职能的中央银行制度。这种跨国中央银行为成员国发行共同的货币和制定统一的货币金融政策，监督各成员国的金融机构和金融市场，对成员国的政府进行融资、办理成员国共同商定并授权的金融事项等。

实行跨国中央银行制度的典型代表是西非货币联盟、中非货币联盟和东加勒比海货币管理局以及欧洲中央银行等。1999年开始的欧洲中央银行是一家独立的超国家的金融机构，负责制定和执行欧元区的货币政策，掌管欧元的发行。

拓展阅读

欧洲中央银行

欧洲中央银行于1998年6月1日在法兰克福成立，这是货币银行史上的一个重大的创举，也是在没有一个相应的联邦中央政府的基础上创建的新型中央银行。它没有一个与之对应的政府赋予它独断的货币发行垄断权，而是通过参与国政府以协议的形式让渡的。

欧洲中央银行的管理委员会是最高权力机构，负责制定货币政策和欧元体系的其他规则；执行理事会是最高行政机构，负责执行货币政策和其他管理委员会赋予的管理和监管任务。这两个委员会都由欧洲中央银行行长担任主席。欧洲中央银行行长具有非常大的货币政策独立决定权。欧洲中央银行的货币政策首要目标是维持价格稳定，只有在与这一目标不相违背的情况下，欧洲中央银行才能支持欧盟的经济政策。欧洲中央银行在运行过程中不受欧盟成员国政府其他政策目标的影响和扰乱。因此自欧洲中央银行成立以来，欧元区的通胀水平一直被控制在较低的水平。

第二节　中央银行的性质和职能

一、中央银行的性质

中央银行的性质是指中央银行自身的特有属性，这是由其在国民经济中的地位决定的，并随着中央银行制度的发展而不断变化。目前，中央银行是一种特殊的金融机构，它在一国的金融体系中居于核心地位，负责制定和执行货币金融政策，对金融业实施监督和管理，控制货币流通与信用活动，是具有银行特征的国家机关。中央银行的性质特征主要表现在中央银行与其他金融机构的区别以及与其他政府机关的区别上。

（一）中央银行是特殊的金融机构

中央银行首先是银行，也具有银行固有的办理“存、放、汇”业务的基本特征。但它不是一般的银行，而是一种特殊的金融机构，具有自身的特殊性。其主要表现如下。

1. 业务对象特殊

中央银行的业务对象仅限于政府和金融机构，不是一般的工商客户和居民个人。这就决定了中央银行不经营一般商业银行和其他金融机构的业务，不与它们竞争业务，不会成为商业银行和其他金融机构的竞争对象。

2. 经营目的特殊

中央银行是国家政府机关，所需要的各项经费均由国家财政拨付。同时，其所从事的各项金融业务活动，均是从国民经济的宏观需要出发、从保持货币币值稳定的需要出发而开展的，不是为了追逐利润。因此，中央银行的业务活动不以营利为目的。

3. 中央银行拥有一系列特有的业务权力

中央银行具有国家授予的一系列业务经营活动的特权，如垄断货币发行、管理货币流通、集中存款准备金、维护支付清算系统的正常运行、代理国库、管理国家黄金、外汇储备等。这是一般金融机构所不具有的。就目前而言，中央银行主要管理国内金融活动，在国际上主要是加强双边或多边合作，不在国外设立分支机构。

（二）中央银行是特殊的国家机关

中央银行通常被称为“货币当局”或“金融当局”，是全国金融业的最高管理机构，也是政府在金融领域的代理人。中央银行负责制定和执行货币金融政策，监管全国金融机构和金融市场，是保障金融稳健运行、调控宏观经济的国家行政机构。中央银行是特殊的国家机关，也是具有银行特征的国家机关，不同于一般的国家行政管理机构。其特殊性体现如下。

1. 中央银行通过特定金融业务履行职责

中央银行对金融和经济的管理调控基本上采用经济手段，这与主要靠行政手段进行管理的国家机关有明显的不同。中央银行是社会信用机构的枢纽。它自身是一个信用机构，由此获得了创造供给货币的特殊权利，同时它又是信用活动、货币供给的“源头”。商业银行和其他金融机构只有在取得中央银行授予的信用后，才有条件授予客户的信用。在货币供给中，中央银行保证供给的货币在质上统一标准，在量上调节控制，由此中央银行不是凭借政治权力而是依靠业务经营活动，主要运用经济手段执行宏观管理职能。这是其他政府机关在实施宏观管理方面所不具有的特殊性。

2. 中央银行分层次独立地调控宏观经济

中央银行通过货币政策工具来调节金融机构的行为和金融市场的运作，然后再通过金融机构和金融市场影响到各经济部门，市场回旋空间较大，作用较平缓。中央银行业务有较强的技术性和专业性，供给货币有一个特殊的传导过程，这也是其他政府机关业务活动所不能比拟的。按照各国中央银行法的有关规定，中央银行可以根据一个国家的客观经济发展状况与需要独立地制定和执行货币政策，政府不得干预。

二、中央银行的职能

中央银行的职能是由它的性质和业务活动的特征来决定的，是中央银行本身所具有的功能。正因为中央银行是一个特殊的金融机构，是国家调节宏观经济的工具，是管理金融的国家机关，所以，中央银行具有“发行的银行”“银行的银行”“政府的银行”的职能，这是对中央银行基本职能的典型概括。

（一）中央银行是“发行的银行”

在现代金融体系中，中央银行首先是发行的银行，它的基本职能是垄断货币发行权，是全国唯一的货币发行机构。世界各国建立中央银行以后，货币的发行权都集中于中央银行，发行货币就成为中央银行的特权。

在金本位货币制度下，货币的发行权主要是指银行券的发行权。要保证银行券的信誉和货币金融的稳定，银行券必须能够随时兑换为金币，因此中央银行必须以黄金储备作为支撑银行券发行与流通的信用基础，黄金储备数量成为银行券发行数量的制约因素。银行券的发行量与黄金储备量之间的规定比例成为银行券发行保证制度的最主要内容。在信用货币制度下，中央银行成为垄断货币发行的机构，中央银行按照经济发展的客观需要和货币流通及管理的要求发行货币。中央银行垄断货币发行是中央银行发挥其职能作用的基础。独占货币发行权是中央银行实施金融宏观调控的必要条件。

（二）中央银行是“银行的银行”

中央银行把商业银行等金融机构作为自己的客户，为其办理“存、放、汇”等货币信用业务，发挥“银行的银行”的作用。中央银行在为金融机构提供服务的同时，对商业银行和其他金融机构的活动施加影响，以达到调控宏观经济的目的。其主要表现在以下几个方面。

1. 集中存款准备金

各家商业银行及其他金融机构吸收的存款，不能全部贷放出去，要留一部分作为存款准备金，以备客户随时支取。各国按法律规定，商业银行和其他金融机构都要按法定存款准备金比率向中央银行交纳存款准备金。缴存准备金有助于保障存款人的资金安全以及银行等金融机构本身的安全；有利于中央银行调节货币信用，控制货币供应量；此外，还为商业银行之间进行非现金清算创造了条件。集中统一保管商业银行存款准备金制度，是现代中央银行制度的一项极其重要的内容。

2. 充当最后贷款人

当商业银行资金周转不灵时，可以向中央银行融通资金，中央银行成为全国银行业的最后贷款人。中央银行主要通过两种途径为商业银行充当最后贷款人：一是票据再贴现，即商

业银行将企业向自己贴现的未到期票据（如国库券、短期商业票据等）再向中央银行贴现以获取资金；二是票据再抵押，即商业银行将持有的票据抵押给中央银行以获取贷款。在历史上英格兰银行最早开始再贴现贷款，最初只对商业票据进行再贴现。第一次世界大战以后，各国政府债务增加，政府发行的债券也逐渐成为再贴现的对象。随着商业银行资产构成的多样化和有价证券市场的快速发展，商业银行把高质量的有价证券和票据作为抵押向中央银行申请贷款也成为中央银行履行最后贷款人职能的重要形式。

中央银行履行最后贷款人职能的主要目的：首先，当个别金融机构发生资金周转困难时，提供贷款，防止挤兑以及信用危机。其次，增加金融机构短期头寸的调剂渠道。随着金融市场的发展、利率的多变和负债业务的可变，金融机构经营环境的不确定性增加，虽然同业拆借市场等货币市场的发展为商业银行等金融机构调剂短期头寸提供了方便，但并不总是能满足金融机构的需要，会造成拆借市场利率飙升，由此可能进一步引起金融市场跌宕起伏，并不利于金融的稳定。因此，中央银行也需要向金融机构提供调剂短期头寸的渠道。最后，调节银行信用和货币供应。这一目的实际上已经脱离最后贷款人的本意，并没有救助银行的含义，纯粹是为了通过中央银行贷款向社会提供基础货币，再通过商业银行的存款货币创造调节货币供应。

3. **组织全国性的清算**

各家金融机构都在中央银行设立存款账户，它们之间票据交换的差额清算，可通过这一账户在全国范围内办理划拨清算，从而加快资金流转速度，节约了货币流通成本。

（三）中央银行是“政府的银行”

中央银行是政府的银行，是指中央银行与政府关系密切，根据国家法律授权，制定和实施货币金融政策，在法律许可的范围内向政府提供服务，是政府管理国家金融的专门机构。其具体体现在以下几个方面。

1. **代理国库**

国家财政收支一般不另设机构经办具体业务，而是交由中央银行代理，通过政府在中央银行开立的各种账户进行。

按国家预算要求代收国库库款。所有的预算收入都通过中央银行集中收缴并存入中央银行的账户，使中央银行成为掌管国库资金的中心，并按财政支付命令拨付财政支出。中央银行根据财政部门签发的支票为其办理付款或转账，成为国库的出纳，并向财政部门反映预算收支的执行情况。

2. **代理政府债券发行**

中央银行利用其掌握的业务手段，代理政府债券的发行，包括预测发行规模、规定价格幅度、制定竞投标规则等。

3. 为政府融通资金

中央银行具有为政府融通资金以解决政府临时资金需要的义务。中央银行对政府融资的方式主要有两种：一是为弥补财政收支暂时不平衡或财政长期赤字，直接向政府提供贷款；二是中央银行直接在一级市场上购买政府债券。

4. 为国家持有和经营管理国际储备

中央银行持有和经营管理国际储备，通过增加或减少储备资产，使货币发行与国际收支相适应，保证国际收支平衡、物价和汇率稳定。同时，合理运用储备资产，如回笼货币、干预汇市等，达到内外均衡。

5. 代表政府参加国际金融活动

中央银行凭借其业务性和专业性，往往作为政府代表参加国际金融组织和金融会议，与外国中央银行就金融贸易进行谈判和协调，以及管理政府之间的金融往来和债权、债务关系。

6. 金融监管

对金融业的监管不仅需要很高的技术和很好的操作手段，还需要在业务上与银行有着密切的联系，以便制定的各项政策和规定能够通过业务活动得到贯彻实施。因此，只能由中央银行来承担监管职能，制定和执行有关金融的法规及银行业务的基本规则，监督和管理金融机构的业务活动。

拓展阅读

中央银行独立性介绍

美国的中央银行为美国联邦储备系统，简称美联储。美国联邦储备系统受《联邦储备银行法》的制约，由国会授权进行独立行动，直接向国会报告工作，对国会负责，而不受政府的直接控制。由于美国联邦储备系统不是一个纯粹的政府行政机构，也不受政府的直接管辖，因而其在自己的业务范围内享有较大的自主权。美国联邦储备委员会是美国央行的最高决策机构，由 7 人组成，对有关货币上的政策作出决定，直接向国会负责，无须总统的批准。未经国会批准，总统无权对美联储发布任何命令。因此，发挥中央银行作用的美国联邦储备系统，其独立性较强。

欧洲中央银行根据 1991 年《马斯特里赫特条约》的规定于 1998 年 7 月 1 日正式成立。作为决策机构的欧洲中央银行和作为执行机构的欧元区各国中央银行组成两个层次的欧洲中央银行体系。欧洲中央银行体系在组织结构上类似于美国联邦储备系统，欧盟成员国中央银行类似美联储中的 12 家联邦储备银行。两者都属二元式的中央银行体制，地方级机构和中央机构两级分别行使权力，两级中央银行具有相对的独立性。欧洲央行独立于欧盟机构和各国政府。由以上分析来看，欧美中央银行与政府相对独立，且独立性较强，在相当程度上具有自行制定和执行货币政策的权力。

中国人民银行属于相对独立型的中央银行，是直属于国务院的部门单位，行长根据国务院总理的提名由全国人民代表大会决定，副行长由国务院任免，总体上隶属于国务院。《中华人民共和国中国人民银行法》第五条规定：中国人民银行就年度货币供应量、利率、汇率和国务院规定的其他重要事项作出的决定，报国务院批准后执行。中国人民银行就前款规定以外的其他有关货币政策事项作出决定后，即予执行，并报国务院备案。

第三节 中央银行的主要业务

中央银行作为一个特殊的金融机构，金融业务活动的原则和范围也有其特殊性。根据中央银行资产负债表所反映的资金运动关系，中央银行的业务也可大致分为负债业务、资产业务和中间业务。

一、中央银行业务活动原则

中央银行的业务活动具有特殊的原则。具体来说，中央银行业务活动原则包括非营利性、流动性和安全性、独立性、公开性等。

（一）非营利性

中央银行的一切业务活动不以营利为目的，而是以稳定宏观经济、金融及币值为己任。

（二）流动性和安全性

中央银行必须注意保持资产的流动性和安全性。中央银行对金融的调节主要是通过货币政策工具来实现的，中央银行使用货币政策工具都是通过中央银行资产的变动引起社会供应量的变动，从而达到期望的政策效果。如果中央银行资产的变现能力差，就不能使货币政策工具顺利发挥作用或达不到预期的政策效果。

（三）独立性

中央银行从事业务活动时需要保持一定的独立性、不受行政部门和其他部门的干预。中央银行只有处于超然的地位，才能使货币政策不受政府财政收支状况的干扰，才能避免通货膨胀，最大限度地维护经济稳定。

(四)公开性

中央银行应定期向社会公布货币当局的业务和财务状况,公开发布有关金融统计资料、货币政策报告等。中央银行业务活动的公开性有利于保持中央银行的信誉和权威,并可以通过增强业务活动的透明度,促进各方对中央银行政策意图的了解,从而增强货币政策的告示效应。

二、中央银行的资产负债表

中央银行的资产负债表是其资产负债业务的综合会计记录。中央银行资产负债业务的种类、规模和结构都综合地反映在一定时期的资产负债表上。现代各国中央银行的任务和职责基本相同,其业务活动大同小异,资产负债表的内容也基本相近。我国中央银行从 1994 年起,根据国际货币基金组织规定的统一格式编制资产负债表并定期向社会公布。

表 8-1 是根据目前国际货币基金组织编制的《货币与金融统计手册》中货币当局资产负债表的最主要项目简化的货币当局资产负债表。

表 8-1 简化的货币当局资产负债表

资产	负债
国外资产	储备货币、定期储备和外币存款
对中央政府的债权	发行债券
对各级地方政府的债权	进口抵押和限制存款
对存款货币银行的债权	对外负债
对非货币金融机构的债权	中央政府存款
对非金融政府企业的债权	对等基金
对特定机构的债权	政府贷款基金
对私人部门的债权	资本项目、其他项目

表 8-2 是中国人民银行 2019 年 12 月资产负债表。

表 8-2 中国人民银行 2019 年 12 月资产负债表

单位:亿元人民币(Unit:100 million yuan)

项目(Item)	金额
国外资产(Foreign Assets)	218 638.73
外汇(Foreign Exchange)	212 317.26
货币黄金(Monetary Gold)	2 855.63
其他国外资产(Other Foreign Assets)	3 465.84
对政府债权(Claims on Government)	15 250.24

续表

项目（Item）	金额
其中：中央政府（Of which：Central Government）	15 250.24
对其他存款性公司债权（Claims on Other Depository Corporations）	117 748.86
对其他金融性公司债权（Claims on Other Financial Corporations）	4 623.39
对非金融性部门债权（Claims on Non-Financial Sector）	
其他资产（Other Assets）	14 869.26
总资产（Total Assets）	371 130.48
储备货币（Reserve Money）	324 174.95
货币发行（Currency Issue）	82 859.05
金融性公司存款（Deposits of Financial Corporations）	226 023.86
其他存款性公司存款（Deposits of Other Depository Corporations）	226 023.86
其他金融性公司存款（Deposits of Other Financial Corporations）	
非金融性机构存款（Deposits of Non-Financial Sector）	15 292.04
不计入储备货币的金融性公司存款（Deposits of Financial Corporations Excluded from Reserve Money）	4 574.40
发行债券（Bond Issue）	1 020.00
国外资产（Foreign Assets）	218 638.73
国外负债（Foreign Liabilities）	841.77
政府存款（Deposits of Government）	32 415.13
自有资金（Own Capital）	219.75
其他负债（Other Liabilities）	7 884.48
总负债（Total Liabilities）	371 130.48

三、中央银行的负债业务

中央银行的负债是指社会各集团、各部门对中央银行的债权。中央银行的负债业务主要包括货币发行业务、存款业务等。

（一）货币发行业务

发行货币既是中央银行的基本职能，也是中央银行主要的资金来源。一般而言，中央银行发行的货币主要是通过再贴现、贷款、购买证券、收购金银外汇等投入市场，从而形成流通中的货币。这些现金货币投入市场后，都是中央银行对社会公众的负债，货币发行成为中央银行一项重要的负债业务。

中央银行虽然垄断了货币发行权，但货币发行也必须符合国民经济发展的客观需要。为此，各国都采用了相应的方法对货币的发行加以控制，如比例发行准备制度、最高发行额限制制度、外汇准备制度、有价证券保证制度等。我国人民币的发行并无发行保证的规定，其事实上的保证是国家信用和中央银行的信用。

（二）存款业务

存款业务是中央银行的主要负债业务之一，商业银行是负债决定资产，中央银行则是资产决定负债。这是由于中央银行垄断了货币发行权，永远不存在资金短缺的问题。所以，中央银行存款业务的目的不是为了解决营运资金的来源，而是为了利于调控信贷规模与货币供应量，利于维护金融业的安全和稳定，以及利于国内的资金清算。

中央银行的存款主要来自两个方面：一是政府和公共部门，二是金融机构。

1. 政府和公共部门存款

政府和公共部门在中央银行的存款包括财政金库存款以及政府和公共部门经费存款。由于中央银行代理国家金库和财政收支，所以国库的资金以及财政资金在收支过程中形成的存款属于中央银行的存款。

2. 金融机构存款

金融机构在中央银行的存款包括法定存款准备金和超额存款准备金。

法定存款准备金是由法定存款准备金率及商业银行存款总额来决定的，这部分准备金必须存在中央银行的准备金账户上。最初，中央银行集中存款准备金只是为了保证银行业的清偿力。后来，中央银行开始利用法定存款准备金率的调整来调节商业银行的放款能力。

超额存款准备金是商业银行存在中央银行准备金账户上的、超过法定存款准备金的那部分存款，这部分数额是由商业银行自愿存在中央银行账户的，主要是为了满足资金清算或同业资金往来的需要。

（三）资本业务

中央银行资本业务是中央银行筹集、维持和补充自有资本的业务。资本业务是中央银行各项业务运行的一个保障，世界上绝大多数中央银行的资本金主要由中央政府出资，也有一些中央银行还拥有地方政府、国有机构和私人银行等其他出资者。

（四）其他负债业务

除货币发行和吸收存款业务外，中央银行还有一些其他的业务构成资金来源，包括发行债券和对外负债等。发行债券是中央银行的一项主动负债，主要是为了调节金融机构多余的流动性而向金融机构发行的债务凭证。中央银行的对外负债主要包括从国外银行借款、对外国中央银行的负债、国际金融机构的贷款、在国外发行的央行债券等，其目的在于平衡国际收支、维持本币汇率的既定水平、应对货币危机或金融危机等。

四、中央银行的资产业务

中央银行的资产业务是指其在一定时点上拥有的债权，主要包括贷款业务、再贴现业务、

证券买卖业务以及黄金、外汇等储备资产业务等。中央银行的资产业务是基础货币投放的重要渠道，是中央银行实施职能的具体表现。其中，贷款和再贴现业务是中央银行最古老的资产业务，而证券买卖业务是中央银行的基本资产业务。

（一）贷款业务

贷款业务是中央银行的最主要资产业务之一，是中央银行运用资金的重要方式之一。中央银行的贷款业务主要有对商业银行等金融机构的贷款、对政府的贷款和对非金融部门及国外的贷款等。

对商业银行的贷款也称为再贷款，是中央银行为了解决商业银行在信贷业务中发生的临时性资金周转困难而发放的贷款，是中央银行作为“银行的银行”职责的具体表现。通常，为了宏观金融控制与管理的需要，各国都对商业银行的贷款作了具体的规定，如规定商业银行向中央银行的最高借款限额等。我国《中华人民共和国中国人民银行法》规定，中国人民银行可以对商业银行提供贷款，贷款的期限不得超过1年。

中央银行对政府的贷款是政府弥补资金亏空的应急措施之一，但如果对这种贷款不加限制，则会从总量上削弱中央银行宏观金融控制的有效性。因此，各国中央银行法对此都有明确的规定。在美国，财政筹款只能通过公开市场进行，即用发行公债的办法解决。如果财政筹款确实遇到困难，也只能向联邦储备银行作短期借款，并且要以财政部发行的特别国库券作为担保。在我国，中国人民银行不得对政府财政透支，不得直接认购、包销国债和其他政府债券，不得向地方政府和各级政府部门提供贷款。

（二）再贴现业务

再贴现业务是中央银行买进商业银行所持有的未到期的票据，从而向商业银行提供资金融通的行为。中央银行对商业银行再贴现的数量限制类似于它对商业银行提供的一般贷款，通常要在贴现窗口给予必要的约束。再贴现是中央银行向商业银行提供资金融通的一种方式。再贴现作为西方中央银行传统的三大货币政策工具（存款准备金政策、再贴现政策和公开市场业务）之一，被不少国家广泛运用。特别是第二次世界大战之后，再贴现在日本、德国、韩国等国的经济重建中被成功运用。

（三）证券买卖业务

证券买卖业务是中央银行的主要资产业务。为了使有价证券买卖得以顺利进行，中央银行通常较多地持有政府证券（主要是国库券），必要时也可持有少量的其他证券。中央银行证券买卖业务是指中央银行作为市场参与者的一员，在公开市场进行证券的买卖。中央银行用自己发行的货币买入证券实际上是通过市场向社会投放货币；反之，卖出证券等于将流通中的货币收回。目前，中国人民银行证券业务数量占资产的比例还很小，但已出现逐年增长的趋势。

（四）黄金、外汇等储备资产业务

中央银行所持有的黄金、外汇及特别提款权等是国际上进行清算的最后支付手段，各国都把它们作为储备资产，由中央银行经营管理，是中央银行的一项重要资产。中央银行买卖储备资产的目的在于维护国际收支的清偿力，促进国际收支平衡，稳定汇价及国内货币流通。中央银行买卖储备资产时应注意，根据本国的国际收支和经济政策保持合理的黄金、外汇储备的数量，从而合理确定黄金、外汇储备的构成。

除上述四项主要资产业务外，中央银行还有其他一些资产业务，如在国际金融机构的资产、固定资产、应收未收款项、特种贷款等。

五、中央银行的清算业务

中央银行的清算业务是指中央银行集中票据交换及办理全国资金清算的业务活动。中央银行的清算业务实现了银行之间债权、债务的非现金结算，免除了现款支付的麻烦，方便了异地间的资金转移。中央银行的清算业务包括集中办理票据交换、集中清算票据交换差额和办理异地资金转移。

（一）集中办理票据交换

票据交换是指同一城市中各银行间收付的票据所进行的当日交换，通常在票据交换所进行。票据交换所是同城各银行之间清算其各自应收、应付款项的集中场所。各银行持有本行应收、应付票据在每日规定的时间内，在交换所将当日收进的其他银行的票据与其他银行收进的该行的票据进行交换，形成的差额最终通过中央银行来轧差转账。票据交换所工作原理见表 8-3。

表 8-3　票据交换所工作原理

应付行	应收行					
	A	B	C	D	应收合计	应付差额
A	0	20	10	40	70	—
B	30	0	50	20	100	20
C	20	80	0	10	110	—
D	10	20	40	0	70	—
应付合计	60	120	100	70	350	—
应收差额	10	—	10	—	20	—

从表 8-3 可以看出，假设同一城市有一个由 A、B、C、D 共 4 家银行组成的票据交换系统。其中，A 银行应向 B、C、D 银行分别收款 20、10、40 个单位，共计 70 个单位的款项；同时 A 银行应向 B、C、D 银行分别付款 30、20、10 个单位，共计 60 个单位的款项。两者轧差，A 银行最后的应收款项只有 10 个单位。同理，B 银行应收合计 100 个单位的款项，应付合计 120 个单位的款项，两者进行轧差后，B 银行应付 20 个单位的款项。C 银行应收 10 个单位的款项，D 银行应收、应付平衡。所以，只要把 A 和 C 银行应收 20 个单位的款项和 B 银行应付 20 个单位的款项结清后，应收和应付各 350 个单位的款项就可全部结清。因此，票据

交换既节约了人力、物力，又节约了资金。

（二）集中清算票据交换差额

各清算银行通常都在中央银行开立往来存款户，此账户独立于法定存款准备金账户，票据交换后的差额由该账户的资金来结清。票据交换所将应收行和应付行的明细表提交给中央银行后，会计人员便开始进行账务处理。当某家银行为应收行时，则增加其往来账户的资金；反之，则减少其往来账户的资金。该账户上的金额被视为商业银行的超额存款准备金。当应付账户上的资金不足时，中央银行便作退票处理，并按有关规章予以处罚。

（三）办理异地资金转移

同城或以该城为中心的一个地区的债权、债务可通过票据交换进行清算。但各城市、各地区之间的资金往来就需要中央银行建立全国的清算网络，统一办理异地资金转移。中央银行通过在全国范围内办理资金清算、转移，在为各地、各银行提供服务的同时，也对全国的经济、金融情况和商业银行的情况加强了解，有利于更好地实施监督管理。

思考练习

1. 简述中央银行产生的客观经济背景。
2. 简述中央银行的职能和性质。
3. 简述中央银行负债业务。
4. 简述中央银行资产业务和负债业务的联系。
5. 实训。

实训名称：了解中国人民银行独立性与职能的发挥。

实训目标：通过对我国中央银行在经济生活中的地位变化的分析，归纳出我国中央银行独立性的特点、内容和意义。

实训任务：

（1）查阅《中华人民共和国中国人民银行法》，以此分析中国人民银行目前在我国的地位。

（2）查阅近5年来的相关资料，以此分析中国人民银行独立性的变化趋势。

（3）试对我国中央银行目前的独立性的现状进行评论。

实训开展形式：

（1）班级事先分组，并准备相关的资料。

（2）以小组形式查阅《中华人民共和国中国人民银行法》《中国金融年鉴》，获取中央银行的相关数据，了解中国人民银行独立性的变化。

参考文献

[1] 陈雨露．国际金融［M］．6 版．北京：中国人民大学出版社，2019.
[2] 张晓晖，吕鹰飞．金融学基础［M］．3 版．北京：中国财政经济出版社，2021.
[3] 刘肖原，李中山．中央银行学教程［M］．4 版．北京：中国人民大学出版社，2020.
[4] 周科成，柯希均，罗宇．金融学基础［M］．北京：清华大学出版社，2018.
[5] 王红梅．商业银行经营管理［M］．3 版．北京：中国人民大学出版社，2019.
[6] 艾永芳．金融学基础［M］．北京：清华大学出版社，2020.
[7] 马宜斐，段文军．保险原理与实务［M］．4 版．北京：中国人民大学出版社，2019.
[8] 卜小玲，朱静．金融学基础［M］．2 版．北京：清华大学出版社，2018.
[9] 李春，曾冬白．金融学基础［M］．4 版．大连：大连出版社，2017.
[10] 沈立君，梁云．金融学基础［M］．2 版．大连：东北财经大学出版社，2020.
[11] 周建松．金融学基础［M］．2 版．北京：中国人民大学出版社，2017.